必ず書ける「3つが基本」の文章術

近藤勝重

GS 幻冬舎新書 397

イチ、ニイのサンで文章力をアップさせてください。
――「まえがき」に代えて

　A君が思い詰めたように言うのです。

「作文が下手なので、文章の本をいろいろ買ってきて読んでます。ブログもやっているんですが、上手に書けません。文章の本で上手になろうなんて無理なんでしょうか」

　A君はメディア志望の学生で、目下就職活動中とのことでした。

「上手下手は二の次にしていいんじゃないでしょうか」

　ぼくが言うと、A君はえっという顔をして、聞き返す口調になりました。

「文章の本って、上手に書けるようになるというのが売りなんじゃないんですか」

　ぼくは否定も肯定もせず、こう答えました。

「文章というと、すぐに上手下手が言われるけれど、その前に、というより、それ以上に心がけてほしいのは、何を、どう書くかです」

「何を、どう書くか……」

鸚鵡《おうむ》返しにつぶやくA君を見て、言葉を続けました。

「まずは何を書くかですが、作文ですとやはり自らが体験したことで、かつ心に残っている印象の強い話でしょうね。夏目漱石の『虞美人草』に『あっと驚く時、始めて生きているなと気が付く』という言葉が出てきますが、『あっ体験』なら三重丸の題材です」

A君はうなずいて、

「ありますよね、そういう体験って。誰かに言いたい、聞いてもらいたい。そういう話ですね」

「そう、そういう体験があると、面白おかしくしゃべってみせる人がいるでしょ。聞いてて、そのままいい作文になるなあって思うことがしばしばあります。そういうネタだと、話し方の上手下手に関係なく、みんなも耳を傾ける。作文やブログも、同様にみんなが興味を持って読んでくれる。そこに共感もある。それが大切なんですね」

A君はメモを開いて何やら書き込み、続きの言葉を待つ顔になりました。

「次は何を、どう書くかの、どう書くかですが、もちろん書きたい！　話したい！　という思いの強さは、文章をかなりの力で後押しして読み応えのある作品にしてくれます。でも、思いの強さだけでは限度がある。そこでどう書けばいいのか、なんですね」

A君は大きくうなずいて、確認するようにつぶやいていました。

「何を書くか。体験ネタが一番。次はそのネタをどう書くか……」

A君のつぶやきを引き取って、こう言いました。

「どう書くかで大切なのは、伝わるように書くということです。何より描写力が問われますね。それともう一点、どう組み立てるか、文章の構成も大切です。つまり文章は①何を書くか　②どう書くか　③どう構成するか――この『3つが基本』で、それぞれにコツがあるんです。ぼくは書く内容に応じてそれらのコツもすべて3つの要素で説明できます。それで自分では、必ず書ける『3つが基本』の文章術、と言ったりしています」


本書はそんな調子でA君に話した内容を大幅に拡充して、作文や、就活時のエントリーシートのほか、ブログ記事・日記にも役立ち、職場での企画書、リポートなど、多種多様な分野での文章にも活用できるようにまとめたものです。2009年4月から早稲田大学大学院政治学研究科ジャーナリズムコース（通称、Jコース）で担当している「文章表現」の授業内容とも多少重なりますので、学生たちとの質疑応答も生かして「問題」も作ってみました。すぐに答えを見ないで考えてください。

ちなみにぼくたちは「3」に絞った言い方をよくします。

三大祭り／三羽ガラス／日本三景……

この「3」が「4」や「5」だと何か広がりすぎて頭に入りにくいでしょうね。3つで十分、というよりその世界が端的にとらえられている感があって説得力があるのです。

人間は問題解決法としてもホップ、ステップ、ジャンプとか、総論、各論、結論、あるいは優先順位をつけて①②③といった3段階3部構成で考えるところがあります。「三人寄れば文殊の知恵」や「三本の矢」「三位一体《さんみ》」などの言葉も、3つのものが1つに結実するという意味で、安定感のみならず、目指すものの完成度の高さを示唆しているように思われます。

物事の初歩を「○○のイロハ」とか「○○のABC」とか言ったりもします。

本書で紹介する「3つが基本」の文章術は、長年いろいろ書いてきて、ぼくなりに見出した最上、最強の法則です。文章を初歩のイロハから学びたいと思う人、あるいは一流の文章が書きたいと、さらに努力しようとしている人にもきっと役立つと確信しています。

そして今日、仕事ができる人は文章が書ける人だ、とビジネスの世界でもよく言われていることを付け加えておきたいと思います。文章が書ける人はいろいろなことによく気づき、よく考えるからでしょうが、以下、本文で文章力と思考力がいかに深くかかわっているか、そんなことも併せて学んでいただければ幸いです。

それでは始めましょう。文章は「3つが基本」、イチ、ニイのサンですよ。

必ず書ける「3つが基本」の文章術／目次

イラスト 上垣厚子
DTP 美創

第1章 何を書くか

1――個人的な体験にどう意味を持たせるか。それが作文です。

❶体験／❷気づき／❸普遍性

冒頭のこの回では、どういう内容が作文にふさわしいのか、実際の作文をもとに考えてみました。内容に即した書き方のスタイルも併せて参考にしてください。

まずは手頃な手本を真似ることから

文章は真似て学ぶものだと言われます。「真似る」は「学ぶ」だというわけです。真似るというのは、他者を受け入れることですが、いくら真似をしても自分は他者にはなれません。自分は自分なのです。新しい自分の発見にもつながりますので、恐れずに真似してみましょう。

さて、それではどんな文章を真似て学べばいいのかですが、作家をはじめ文筆家の作品に手本を求めれば数限りなくあります。でも、いきなり高レベルのものに接するより、普通くらいのレベルで、それでいてこの章の「何を書くか」の参考になる作品のほうがいいだろうと、早稲田大学大学院での受講生の作文から2編を選びました。

授業では受講生に前、後期各3本ずつ作文を書いてもらいます。最初の1、2本は体験に題材を求めるように、とだけ言って400字自由題にしています。

次の作文は、Y・Mさんが「ランドセル」と題して2本目に提出したものです。ちなみに彼女は2014年の就活で最難関の全国紙と、ほか1社にも合格して、いま記者として某支局で働いています。

ランドセル　Y・M

私が小学生だった頃のある日の放課後、鉄棒の下に置いておいたはずのランドセルが、遊んでいる間になくなった。仕方がないので、その日はランドセルなしで下校することにした。とぼとぼ歩いていると、制帽まであるかっちりした制服に、ランドセルだけ欠いた自分の姿がとても不自然に感じてきた。自分は周囲からどう思われているのだろう、他人の視線も気になる。私は、小学生なら持っているはずのランドセルを持っていない。

それでも歩き続けていると、徐々に自分の体と心が軽くなっていることに気付いた。どうしてあんなに重いものを毎日背負っていたのだろう。そのまま真っすぐ帰る道を、その日は遠回りし、ひたすらぐんぐんと歩いた。ランドセルがないことで、なんだか少し自由になった。

ランドセルはもう背負わないが、今は学歴や肩書か。今でもランドセルをなくして、真っすぐぐんぐん歩くことはできるだろうか。

読まれてみなさんはどんな感想を持ちましたか。上手とか下手とかいうより、率直に、飾らず、感じたままに書いている、そんな印象を受けませんでしたか。主義主張を押しつけているわけでもありませんしね。こういう作文なら自分にも書けると思った人もいるのではないでしょうか。

もう1編はS・S君の作で、彼は大手の通信社に入って目下、第一線で頑張っています。

ポテンヒット

S・S

手が痺れているのも忘れ、打球を見ながら一塁へ走る。「落ちろ」と思いながら一塁手前まで来た時、ジャンプしたショートのグラブをかすめて、ボールがグラウンドを弾んだ。三塁側ベンチから歓声が聞こえた。高校初めてのヒットだった。

打球には満足していない。全く芯を喰わず、練習してきた打球とは全く違う。言わば、鋭い打球をスタンドに叩き込むために、毎日、汗を流してきた。しかし、ベンチのチームメイトは、「よっしゃー」と言いながら拳を上げて喜んでいる。その姿を見て、自然と笑顔になれた。

自分一人で目指しているものは、意外と、他人にとってはどうでもよいことかもしれない。しかし、目指しているものを達成できなくても、評価を与えられ、喜ばれると、そちらの方が重く感じられる。全ての「打球」が飛ばなくてもいいことを知った。
ポテンでもいいヒットだった。

ここでみなさんに問題です。

問題

この回のテーマの①体験　②気づき　③普遍性――をヒントに「ランドセル」「ポテンヒット」と題した作品に共通する要素を「3つ」挙げてください。

①

②

③

（本書では主に、問題のあるページをめくると答えがわかるようになっています。ページをめくる前に、あなたの答えを考えてみてください）

答えは次のとおりです。

①個人的な体験が題材になっている。
②その体験を通して気づいたことが書かれている。
③その気づきがどう社会とかかわっているか、普遍的な意味合いを見出そうと努めている。

ぼくは①体験　②気づき　③普遍性――を踏まえて作文を書くことを「個人的体験の普遍化」とか、「個性の普遍化」と言っています。

もちろん個人的に体験したことを取り上げて、体験で得た気づきや発見を書いたところで終わっても、その作文にふさわしいのならそれでもいいのですが、ぼくらは書くことを通して考え、考えることを通して社会とどうかかわっていけばいいのか、自らに問うてもいるわけです。

作文はその表現の場の一つですから、書いた内容が一般に広く通じる意味合いを有している、つまり普遍性があれば、そこはちゃんとふれて結びとしてほしいのです。またそれが作文の書き方としては一番オーソドックスに思われます。

結びを決めておけばラクに書ける

　ところで①の体験は文章の源泉です。文章が花木なら、体験は土壌です。ぼくは常々学生たちに「思う」ことより「思い出す」ことだと言って、こう言葉を加えています。

「いい文章の絶対条件は独自の内容です。それは体験を思い出すことを抜きにしては難しいでしょう」

「思う」は心の中の一つの判断で、具体的ではありませんが、「思い出す」は記憶の中から具体的に引き出せます。なおかつ、体験したことは自分にしか書けないことです。よしんば同じことを体験した人がいても、人が違えば受け止め方も異なります。気づいたことともに体験した人はそれぞれに「独自の内容」を持っているわけです。

　そのことに関連して、ふれておきたいことがあります。

　小論文と体験との関係です。学生から「体験談を書いてもいいんでしょうか」とよく聞かれます。資料をいっぱい見ることができて、さらにパソコンを使える状態での小論文ですと、もっぱらそこにあるデータに頼ることになるのでしょうが、試験会場での小論文だと、そうはいきません。

その場合は体験したことを経験則として生かし、筋道を立てていくというのはありですよね。現にそうして小論文の試験をパスした学生は何人もいます。いたずらに論に走らず、どんな体験を論に生かすか。そう考えて取りかかればいいのではないでしょうか。

③の普遍性のところでは、学生たちも何を書くか、苦労しているようです。①と②は案外すらすら書ける。たがいに関係し合っていて、一体感があるからでしょうか。

でも結びに当たる③になると、気のきいた一言で終わってもいいのに書きあぐね、①②の何倍もの時間がかかっている。何行も書いて、重たい、理屈っぽい文章のまま終わっている作文もたくさん見てきました。

このことを逆に言いますと、書き始めるときに結び、つまりラストに何を書くかが頭にあると、①②③と全体が見通せて、それだけ楽に書けるということですね。ぼんやりでもいいから、ラストにふさわしい言葉を頭に置いてかかりたいものです。

その手立てですが、自分個人と社会一般をつなぐキーワードを求めるのが一番かと思われます。キーワードは何にするか、作文の主題（テーマ）とかかわっていますし、③の普遍性には直結する言葉になるでしょうから、この作業は本来欠かせないものなんです。

というところで、先に紹介の２編の作文からキーワード、あるいはキーワード的な言葉を探してみましょう。

「ランドセル」の作文ですと、ぼくは最後から2行目の「ランドセルはもう背負わないが」の「背負う」がキーワードで、この「背負う」という言葉が生きて、すぐそのあとの「今は学歴や肩書か」が生彩を放っていると思っています。

もう1編の「ポテンヒット」はみなさんなりに考えてみてください。今後の自分の生き方を示唆した題名の「ポテンヒット」そのもののほか、文中の「打球」という言葉も生きていますよね。

ちなみに「ランドセル」の筆者、Y・Mさんに結びについて聞いてみました。参考までに紹介しておきましょう。

「最初からはっきりと最後の文章が浮かんでいたわけではないんです。ただランドセルの話だけで終わると、子どものときにこんなことがありましたというだけの話になってしまうので、ぼんやりとですが、大人になったらランドセルの代わりに何を背負うのか。それで自由になれるのだろうか……といったことは頭にあったと思います」

2―何を書くか。3項目の骨格メモを手元に置いて書き始めてください。

❶初め（導入）／❷中（展開）／❸終わり（終結）

書く時間は、この回で紹介する手法で大幅に短縮できます。

長編『ノルウェイの森』も骨格は3つ

ぼくはやせっぽちです。でも骨には多少とも肉がついていますし、服を身にまとえば大丈夫、生きていけます。

文章も骨格に肉付けし、あれこれ装ったものです。ですから大長編だって粗筋を追い、贅肉を取って縮めていけば、手短かに数項目にまとめられます。

現に国語学の第一人者だった大野晋氏は、『日本語練習帳』（岩波新書）という本で夏目漱石の『こころ』の「上　先生と私」を次のように絞り込み、4項目にまとめてみせています。

先生との出会い／雑司ヶ谷墓地に行く先生／人々すべてに隔たりをおく先生／何かの恋愛悲劇と友人の死との関わり

要は作品の骨格を明示したもので、大野氏はこんな説明を加えています。

これは読み手の側から求めていった結果見えてくるこの作品の「骨格」です。ところが、書き手の側としてみると、夏目漱石は初めにこういう覚書を机上に置いたに違いありません。

なるほどと理解した上で、ぼくも村上春樹氏の長編小説『ノルウェイの森』（講談社文庫）を久しぶりに読み返して、骨格のメモ化に取り組んでみました。いささか大胆な作業ではありますが、主人公のワタナベ君の側から要約にかかり、次の3項目にメモ化してみました。

①自殺した親友の恋人・直子という女子学生とワタナベ君との関係
②直子とは対照的に生き生きと見える反面、寂しがり屋でもある緑という女子学生とワタナベ君との関係
③療養所で自殺した直子と同室だった中年女性との関係を経て、緑とやり直すワタナベ君

これらの①②③には「生」に潜む「死」をテーマに、青春期の恋愛の危うさや脆《もろ》さとともに男女の悲喜こもごもが肉付けされて物語は展開します。もちろん村上氏の文章の味わいは心理描写や比喩の巧みさなどを抜きに語れません。ですからメモはあくまで粗筋の骨格なわけですが、実際にその作業をやってみて、いまさらのように気づいたことがあります。

それはメモ化することで、書くべき内容の趣旨やイメージが①初め（導入）②中（展開）③終わり（終結）——に即してかなり鮮明にもたらされるのではないかということです。大野氏の指摘する書き手の「覚書」というのは、そのあたりを踏まえての言葉だと思われます。

さて、ここからがこの回のポイントなのですが、長編といえども①②③に収められるの

なら、一般的な作文が①②③に収められないわけはないということです。就職試験などで出題される作文や小論文は８００字程度です。

書くべき内容を①②③の骨格メモにできれば、あとはそれに沿って書いていけますから、この文章法、使わない手はないと思います。

骨格メモなら時間短縮、発想も豊かに

ぼくは毎日新聞夕刊で毎週1回、「しあわせのトンボ」と題した１０００字近くのコラムを書いていますが、近年はずっと書くべきポイントを①②③と3項目にまとめて取りかかっています。そうするだけで本文を書く時間がメモなしのころに比べて、格段に短縮できました。
①②③のメモ化を怠ると、文章のまとまりを欠き、書き直すといったこともしばしばです。限られた時間に提出しなければならない作文だと、見直す時間も取れないということになりかねません。
当然のことながら、早く書き終えればテーマにかなった内容になっているかどうかのチェックができます。必要のない表現を削ったり、誤字、脱字を訂正したり、さらには字句

や表現を最適なものにする推敲も可能です。

原稿の手直しの重要ポイントは、この回の最後に書き加えておきます。役立ててください。

ここで先の回に掲載の作文を振り返っていただいての問題です。

問題

「ランドセル」と題した作文を①初め　②中　③終わり——の3項目に要約してください。

①

②

③

できましたか。ぼくは次のように要約してみました。

①小学生だったころ、放課後に鉄棒をしているとランドセルがなくなっていた。
②ランドセルなしで下校すると、不自然なので周囲の視線が気になったが、何だか少し自由になった感じでぐんぐん歩けた。
③ランドセルの代わりに大人たちは学歴だの肩書だのを背負っているが、それがなくても自由にぐんぐん歩けるのだろうか。

付記しておきますが、先の回の①体験　②気づき　③普遍性——は骨格メモに活用できます。それがそのまま①初め　②中　③終わり——に合致するなら、作文や小論文はより一層まとまりのいい内容になると思われます。ぜひやってみてください。

それからメモは自分がわかりさえすればいいのですから、思いついたことなどがあれば、どんどん書き加えていけばいいと思います。体験的に言えることですが、何気なく書き留めたメモが文章を補ってくれたり、メモ同士がたがいに作用して面白いことがさらに浮かんでくるといったことはよくあります。

いずれにしてもメモは文章を作る上で基本的な手順です。書くべき内容の材料を集め、整理する中心的な作業だと心得ておきたいですね。

特別編　推敲の重要3ポイント

①簡潔な文章であるか

「私」の追放

主語がなくても意味が通じるのが日本語の特徴です。主語を削ると、いい文章になるのも日本語です。

「山路を登りながら、こう考えた」とは夏目漱石の『草枕』の書き出しです。これに「私は」と入れると、どうなるでしょう。雰囲気まで壊れてしまいそうですね。「私」など、自分を指す人称代名詞は極力削ってください。

接続語や副詞を削る

「ので」「〜が、〜」「だから」でつないでいる文章、けっこう多いんです。伝えたいと思うあまり用いるのでしょうね。

夕食のとき、ご飯をこぼしたので、父に叱られたが、その父もおかずをこぼしたもんだから、気まずい空気になった。

この文章から「ので」「～が、～」「だから」を取り除きます。

夕食のとき、ご飯をこぼした。父に叱られた。その父もおかずをこぼした。気まずい空気になった。

接続語を削ると、ずっとよくなるでしょ。

ついでに「そして」「しかし」「おそらく」「さらに」……など、削れるものは削ってください。接続詞、接続助詞、副詞は筋道の通った文章を書き進めていくときには役立ちます。でもそのぶん、説明、報告調の冗長な文章になりがちです。読み直していらないと思えるものは削り、すっきりした文章にしてください。

「そんな」「こんな」とか、「そのような」「このような」が何度も出てくる文章もあります。「とされる」「としている」「と言える」なども多用されると、文章全体が堅苦しくなるばかりか、あいまいな印象になってしまいます。「私としては賛成しないことにしている」は、「私は賛成しない」でいいんですね。

言葉の重複チェック

「必ず必要」の「必ず」は重複です。必ず取ってください。「あとで後悔する」の「あとで」も要りません。「いまだ未解決」。強調して、そう書きたい気持ち、わからないでもありません。でも「いまだ」は重複です。「連日暑い日が続く」は「暑い日が続く」でいいのです。連日などとこれ以上、暑苦しくしないでください。

文章の手直しは削る、加えるといった方法で行いますが、削るを中心に見直すのがいいと思います。同時に誤りやすい表現や慣用句のチェックもしてください。

頭をかしげる　↓　首をかしげる

上にも置かぬもてなし　↓　下にも置かぬもてなし

笑顔がこぼれる　↓　笑みがこぼれる
公算が強い　↓　公算が大きい（＊「公算」は確率・確実さの度合いをいうもので、一般的に大小で表現される）
舌の先の乾かぬうち　↓　舌の根の乾かぬうち
常軌を失する　↓　常軌を逸する
食指をそそる　↓　食指を動かす、食欲をそそる
雪辱を晴らす　↓　雪辱する、屈辱を晴らす、雪辱を果たす
……

『毎日新聞用語集―２０１３年版―』（毎日新聞社）からピックアップしたのですが、切りがありません。昨今、誤用が増えています。そのことを念頭に入れて……、じゃなかった、念頭に置いて見直してください。

②読みやすい文章であるか

こんな漢字は平仮名に

パソコンで作った原稿で、時に見かけるのが次のような漢字です。「然《しか》し」「但《ただ》し」「或《ある》いは」「且《か》つ」「又《また》」「殆《ほとん》ど」……。「只管《ひたすら》」なんて書いている原稿もあります。本人は読めるのでしょうか。「筈《はず》」「事《こと》」「訳《わけ》」「為《ため》」も目につきます。いずれも平仮名のほうが読みやすいですよね。

それに漢字が多いと、文章全体が重々しく感じられます。この原稿でぼくはいつもの習慣で「思う」を漢字で書いていますが、〈おもう〉は和語（大和言葉）ですから、平仮名でいいのです。

ただし、です。「国語」「平和」「人間」といった言葉は漢語ですから、漢字でなければなりません。「国ご」「平わ」などと書かれると、読みにくいばかりか、それって何？ となります。「国語」は「国語」と書くことによって存在し得るのです。

読点「、」の打ち方

読点「、」は、すらすら読め意味がわかる文章なら本来打たなくてもいい区切り符号です。でも、打たないと意味不明の文章もありますよね。

Ⓐ「私は倒れたまま泣いている友だちを見ていた」
Ⓑ「刑事は血まみれになって逃げる犯人を追いかけていた」

Ⓐは「倒れたまま」が私なのか、友だちなのか、Ⓑは「血まみれになって」いたのは刑事なのか、犯人なのか不明です。「私は、――」「刑事は、――」となると、はっきりしてきます。「私は倒れたまま、――」「刑事は血まみれになって、――」でも状況は理解できます。

でも、こういう文章、どうなんでしょうか。「、」がないとわかりにくい。わかりにくいから打つ。それより打たなくてもわかる文章を、と思います。2つに分けて書いてもいいんじゃないでしょうか。「私は見ていた。倒れたまま泣いている友だちを」「私は倒れたまま見ていた。泣いている友だちを」とか。

長い形容句があって、「、」をどこに打つかで意味が変わってくるような文章は、できるだけ短い文章に書き分けてほしいですね。

段落の設け方

段落というのは内容のまとまりで分けたときの切れ目です。そのひとまとまりについては、いろいろな考え方があるでしょう。

例えば人体なら、頭部、顔、胴体……と分かれます。頭部や顔でそれぞれひとまとまりとする人もいれば、人体でひとまとまりだと考える人もいるでしょう。

ぼくは読みやすさという点で、全体より部分派です。頭部を書いて、次の顔に移る際に段落を変えます。改行が少ない文章はびっしり詰まった感があって、読みづらい気がします。ま、ここは意見の分かれるところでしょうが。

③味わい深い文章であるか

避けたい決まり文句

決まり文句はわかりやすいといえばそうかもしれません。ただそれが、本当にあなたの気持ちを伝える表現になっているかどうか、その点はどうなのでしょうか。あまりに当たり前の見方は、文章の味わいをなくします。

「スポーツマンはさわやかだ」とか「子どもは正直だ」と出だしに書いたら、読み手はどう思うでしょう。興ざめして、読みたくないと思うかもしれませんよね。もちろんそう書いても、独自の見方を展開するなら別ですが。

ぼくらは社会通念にどこか影響されて、ありふれた見方や言葉を使いがちです。脱通念でいってほしいと思います。文章は自分自身の言葉で表すところに価値があるんですから。

子どもが書いた文章にどきりとするときがあります。常套語にとらわれていない無垢で奔放な感覚があるからです。次の一句は子どもの川柳です。

滝の水うそやうそやと落ちている

その子には滝音が「うそやうそや」と聞こえたんですね。いいなあー、この感覚。新鮮。大人には思いつかない擬音ですね。

省略の効果

萩原朔太郎が「僕の文章道」（吉行淳之介選『文章読本』武田ランダムハウスジャパン）と題してこんなことを書いています。

僕の文章道は、何よりも「解《わか》り易《やす》く」書くということを主眼にしている。但し解り易くということは、くどくどと説明するということではない。反対に僕は、できるだけ説明を省略することに苦心して居る。もし意味が通ずるならば、十行の所を五行、五行の所を一行にさえもしたいのである。特に詩やアフォリズムを書く時には、この節略を最小限度にして、意味を暗示の中に含ませることを苦労する。もしそれが可能だったら、ただ一綴《つづ》りの言葉の中に、一切の表現をし尽してしまいたいのである。しかし普通の散文、特に論文などを書く時は、暗示や象徴でやるわけに行かないので、多少冗漫な叙述風になるのは止むを得ない。しかしその場合でも、僕は出来るだけ簡潔に、そして意味をはッきりと、明晰に解り易く書くことに苦心する。

「できるだけ説明を省略することに苦心して居る」「意味を暗示の中に含ませる」――そこには、間《ま》ができます。

削るとは間引く作業です。間引くとは、作物の発育をよくするために密生している苗のところどころを引き抜くことです。

原稿用紙に書く文章の一行一行は、書き手が培った土壌から咲いた一本一本の花木です。その一本一本を省いてできた間に光が差し込んで、両側の花木を照らし出すように、文章全体を引き立てていくんですね。

文章の削りには単にその文章が不要というだけでなく、そんな効果があるということ、これはぜひ知っておいてほしいと思います。

朔太郎の「僕の文章道」を熟読玩味してください。真似る―学ぶ。大いに真似て学んで、味わいの深い文章を、と願っています。

3―有―無（ウーム）と「考える人」の答えが読ませるのです。

❶有りや／❷無しや／❸その答え

面白い！　と読み手の興味を引く文章が書きたい、と思う方はご一読を。

読ませる文章は物の見方が個性的

大学で学生たちから提出される作文で、時に面白い、よくそういうことを考えついたなあと思える作文に出会います。概してそういう作文は、言いたいことがざっくばらんに書かれているので、一気に読み終えることができます。

「面白い」ということについて少し説明しておきます。もとは「おもしろし」という古語で、目の前が白く開け、心が晴れ晴れする感じを表した言葉でした。それが「興味深い」

「楽しくて夢中になる」「おかしい」などの意味を持つようになったのです。

その面白い作文ですが、何といっても物の見方が個性的です。個性的ということは当然誰も書いていないような内容に富んでいるということです。

そんな作文、どうすれば書けるのでしょう。

ぼくは疑問に思った何らかのことを有ー無（ウーム）と考えることを抜きに、大した内容は生まれないと思っています。

「法句経《ほっくぎょう》」にこんな言葉があります。

「いま命あるは有難《ありがた》し」

「有る」ことが「難い」から、人は有難いと感謝するわけですが、いまある命の有難さは命をはぐくむ自然への感謝の念をおいては語れません。

ですから目下の原発問題なども、こんなことを問うてみたくなるのです。

・経済成長をもたらす生産拡大の有無
・いまの便利さを捨てる覚悟の有無
・福島原発事故の惨禍に対する心の痛みの有無

・地球と人類の未来の有無
……

人それぞれが、今日ほどさまざまな面で有りや無しやの選択を迫られている時代もないのではないでしょうか。

先に「法句経」の言葉にふれて自然への感謝の念を挙げましたが、田舎で育ったぼくの場合、ふるさとは豊かな自然とともにありました。山があり、川が流れ、その山や川で来る日も来る日も近所の子らと日が落ちるまで遊びほうけたありし日が、いまも有難く思えてなりません。

そうして望郷の念が強まると、原発事故でふるさとを失った福島の被災者の悲しみはいかばかりか、と改めて自らに問うのです。原発事故への一人のジャーナリストとしての、あるいは自分個人の後ろめたさや反省は有りや無しや、と。

こういう有無の自問は、対立的な世界に身を置いての思考となります。黒白、善悪、美醜、今昔、強弱、大小、多寡、公私、正邪、清濁、前後、明暗、濃淡、快不快、苦楽、老若、深浅、生死……。これら対立語をもとに考えたとき、人間存在の怪しさ、訳のわからなさに実際、有ー無、ウームと唸《うな》るばかり、まさに黒白のあいだのグレーゾーンの世界で「考える人」を余儀なくされます。

書く前に「有」りや「無」しやと問答を

さてその際ですが、ぼくは自分の中にもう1人登場してもらい、有ー無の問答をするように努めています。

実はこれ、一体どうすれば「いい考え」が浮かぶのかを説いた丸谷才一氏の『思考のレッスン』（文春文庫）にヒントを得たものです。同書には「自分の内部に甲乙二人がいて、その両者がいろんなことを語り合う。ああでもない、こうでもないと議論をして、考えを深めたり新しい発見をしたりする。そういう気持で考えた上で、文章にまとめるとうまく行くような気がします」とあります。

氏は有無に限定しての問答をすすめているわけではありませんが、「自分の内部の甲乙二人」の存在による思考法であることに変わりはありません。

ついでながら丸谷氏は共著『日本語相談　二』（朝日新聞出版）という本で回答者として文章の上達には小説家の随筆を読んで学んではどうか、とその特徴を挙げています。主だった点を列挙しておきましょう。

▽目のつけ所が個性的
▽話の進め方が奔放
▽ざっくばらんに書いてある
▽イメージを上手に使っている
▽冗談を言う。それもかなりきつい冗談を言う

なるほど、ですね。大いに参考になりますが、それにはまず、自分の中の甲、乙2人で有ー無、ウームと考え書くべき内容を深め、新しい発見を得る。そうなればしめたものですね。

自分との対話で文章が深まる

「朝」をテーマに400字詰め原稿用紙2枚以内の作文を書かねばならなくなったとして、甲、乙が有りや無しやの問答を試みる。その上で、前回取り上げた①②③の骨格メモを作

成すれば、どんな内容になるか。

とりあえず有りや無しやといった感じの甲乙の対話から始めてみましょう。

甲「朝はやっぱり気持ちいいよね。とくに朝日とカーテンをふくらませて入ってくる風」

乙「曇天の朝だってあるよ」

甲「そんな日でも、さァーと布団を蹴り上げて起きる朝は、やっぱりいいもんだよ。悩んでも悩まなくても朝は来る、なんて川柳もあったなあ」

乙「朝は確かに一日のはじまり、スタートだけど、さァーと声を上げて気持ちよく起き上がれるかどうかは人によるんじゃないかな。後輩のおばあさんは亡くなるまで寝たきりで、大阪の施設に入っていたそうなんだが、朝、見舞うと、何時やって聞いたそうだ。9時、10時だと、『まだそんな時間か』とつぶやいて目をつむり、低い声で『一日、長いなあ』と言って、ため息をついていたって……」

甲「川端康成の『化粧と口笛』にこんな言葉をもらす女性が出てくるよね。『ほんとうのふしあわせは、夜よりも朝が悲しいものだそうですわ』って。そういう人がいるのはわかるなあ」

乙「その人の置かれている状況しだいで朝の受け止め方は変わる。会社へ行く前から不機嫌な顔しててと、お袋が親父によく言ってたよ」

甲「その親父さんにしてみれば、会社でのいろいろは口に出せないっていう思いもある」

乙「そう、そういうことはお袋もわかっていたようで、内心では出かけていく夫の背に手を合わせていたって」

甲「こんな句があるよ。『フロメシのダンナでいてよ健康で』って」

乙「そうか、世間一般の奥さんは旦那にフロ、メシ、フトンの3語を口に出されるの、嫌だって言うもんね。でも一方では、毎日働いてくれていることに感謝の念もある」

甲「ともあれ布団の中で伸びをして、さァ、今日も、と自らに言い聞かせて起き上がる。そういう日の繰り返しが人生じゃないのか。それが幸せだと思えるなら、それにこしたことない。『一日が長い』と、ため息をついていたというおばあさんは、そういうことも暗に言ってたんじゃないのかなあ」

乙「起きて働ける有難さを、ね」

こういうぐあいに自分の中の2人で、あれやこれやとやりとりさせる。すると体験したことはもちろん、それに伴っての思いや考えもふくらんだり、新しい何かに気づいたりするものです。
甲乙の対話から「朝」をこんな①②③にまとめてみました。
①一般に朝は一日のはじまり。さァーという気分になれる。
②だが、寝たきりのおばあさんは「まだそんな時間か」と嘆きをもらす。
③とはいえ、布団の中で伸びをして、さァ、今日も、と思える幸せ。おばあさんはそのことを教えてくれていたのではなかろうか。
以上のメモをもとに実際に書いた毎日新聞夕刊のコラム「しあわせのトンボ」の後半部分を引用しておきます。

A君のおばあちゃんは亡くなる1年前から寝たきりになり、大阪の介護施設に入っていた。A君は大阪に帰ると必ずおばあちゃんを見舞ったが、たいていベッドでうつらうつらしていた。A君とわかると「ああ」とのどを鳴らすように声を出し、決まってこう聞いたそうだ。

「いま何時や」

夕方の時間なら、目を閉じてうなずくだけなのに、朝の9時や10時だと、「まだそんな時間か」と目をつむり、「長いなあ」とため息まじりにつぶやいていたという。

元気に起き上がれる人にとっての朝は、みな等しく心地よいものであろうが、おばあちゃんにはカーテン越しに入る朝の光や風も、苦痛や寂しさを感じさせるものであったのだろう。

「布団の中で思いっ切り伸びをすると、さあ今日もという気になれる。ただそれだけのことが、どれほど幸せなことかと、祖母を見てつくづく思うようになりました」。A君は言って、思い出す口調になった。「おばあちゃん子だったもんですか

ら、何から何まで口やかましく教えられましたよ」

Ａ君には介護施設での朝の日のことが、一番大事な「おばあちゃんの教え」だったのではなかろうか。

いまや人間の社会は有無で言うなら、「有」の世界へと傾いている印象ですが、何かを得れば、何かを失うものです。「有」る幸せもあれば、「無」い幸せもあるはずです。ケータイ、スマホを得て、さてと考えると、ぼくは人間の脳の側面に位置し、長期記憶や言語などに関係する中枢部の側頭葉がどうなっていくんだろうと気になります。井上ひさしさんは『自家製　文章読本』（新潮文庫）で長期記憶をこう説明しています。

おびただしい数の過去の体験が、実体験、映像体験、言語体験を問わず、びっしりと詰まっている。それから定理に公理に信念に見解、あるいは何万もの名前と数千の重要基本語彙。これらの構成要素が一定の原理によって統合されており、いわば長期記憶はひとつの巨大なシステムである。

システムが変調をきたさないでいてほしいのですが、記憶の代行装置のような機器がはびこってくると、どうなるのやらと、案じられます。

どっちつかずの神髄

以前、ＭＢＳラジオの川柳番組「しあわせの五・七・五」で諏訪中央病院名誉院長の鎌田實氏とご一緒しました。氏の著書『○に近い△を生きる』（ポプラ新書）をテーマにしてのおしゃべりでしたが、○×という二者択一より、そのあいだにある△、つまり「別解」を見つけ出そうという氏の話には大いに納得できました。

「別解」の具体例は割愛しますが、おしゃべりの際、ぼくはこんな川柳を紹介しました。

この夫《ひと》のどこに惚れたか考える

番組に寄せられた作品ですが、鎌田氏は作者の胸中が△であることを察してか、うなずきつつ「深いですねえ」とおっしゃっていました。「夫婦であれ何であれ、人間関係にはどっちつかずの神髄というのがあるんじゃないでしょうか」と言いますと、再び氏から

「深いですねえ」の言葉が返ってきました。ぼくにはそういう鎌田氏が、本のタイトルそのままの人に思えたことでした。

ところで、その日の番組で「○△川柳」を呼びかけたところ、後日次のような川柳が寄せられました（作者名省略）。そこで、みなさんに問題です。

問題

（　）の中は○△のどちらかです。お答えください。

（　）をころがし角を（　）くする

（　）に無し（　）にある安定感

最初の川柳は△○、あとの川柳は○△の順ですね。

ぼくらはAだと主張している人に、いやBだと否定して、なぜBかと説得したりしがちですが、そう簡単にはいきません。逆にBだと主張している人に、いやAだと否定して、なぜAかと説得するのも難しいと思われます。

人は強引に説得しようという人には説得されないものです。それに見方というのは概してその人自身の立場の表明ですから、表明することで自分は自分であろうとしているのです。

ですが、Aだ、いやBだと単純に言い切って、その対立の末の衝突というのはどう考えても愚かしい。おたがいの見方に深さ、広さを加えて何とか折り合えないものか。大きな心を持って異論にも耳を傾け、新しい可能性を探る。それが鎌田氏のおっしゃる「別解」で、「○に近い△」なんです。

テーマによるとは思いますが、有―無、ウームと考え込んだ際、「○に近い△」を求めつつ先のような甲と乙の問答にトライしてみる。その思索で得た答えを書いてみる。おすすめです。

4―あなたならではの文章は、一つの疑問から生まれます。
❶何?／❷なぜ／❸それにしても

独自の見方、視点を心がけ、誰も書いていないことを書きたい。
そう思っている方は、ぜひ、お読みください。

「?」のメモが文章力アップの鍵

何気なく目をやったものに、ふと抱く疑問。「えっ、何?」は書くという行為の動機（モチーフ）になります。

漠然とした疑問は、そのままにしないでメモにして心に刻み込み、「なぜだろう」とこだわることです。

どんな勉強でも過程があり、努力が必要なのですが、文章の勉強も「何？」をそのままにしないで、何としても答えを見つけたいと思う、つまり疑問として育てることが大切なんです。

そうして思いついたことや浮かんだ考えも、やはりメモにする。文章を書く上でメモは基本的な作業だとは、すでにふれたことですが、「？」のメモはとりわけ大切です。

電車やバスに乗っていたときとか、あるいは風呂やトイレに入っていたり、寝床の中だったりすると、浮かんだことのメモはついあとでとなりがちです。

それじゃ駄目なんです。あとでメモしておこうなんて思う自分を信用してはいけません。メモにあとではないんです。メモには今しかありません。とにかく疑問はもちろん、思いついた答えもすぐメモにする。その努力が文章の上達につながるのです。

疑問に対するいい思いつきや考えが、ある時ふと浮かぶというのは、ノーベル賞受賞学者の体験談でよく語られることです。風呂やトイレ、寝床でのケースが多いようです。

ぼくの勝手な想像ですが、何かが飛び出てくるのは日々の生活の割れ目や隙間からです。学問という緊張の世界から解放されると、心身は途端に緩みます。風呂、トイレ、寝床は緊張から緩和へと移るひと時ですから、そこに隙間ができそうですよね。

こういうことは何も学者だけじゃない。ぼくたちにとっても風呂、トイレ、寝床は何かが思い浮かぶ黄金の時間なんです。風呂、トイレなら出てすぐにメモにする。寝床には枕元にメモのできるものを用意しておいてください。

明快な解答にこだわらなくてもいい

ふと抱いた疑問を、書くにふさわしい内容を持ったものにする手立ての一つは、すでに紹介の甲乙問答が有効です。ただしその問答で明確な答えが見出せなくても、①の「何?」という疑問を②の「なぜ」と受け止め、そしてどう思ったか、どう考えたかといった思考のプロセスを書けば、十分内容を持つことができます。

芥川賞作家、川上未映子さんの『世界クッキー』（文春文庫）に所収の「境目が気になって」と題したエッセイがあります。前半に「あれも不思議！　これも不思議！」の世界で気になるのがあらゆる物の境目だと書いて、こう続けています。

子どもの頃にも思っていたのは「唾」とかです。口のなかにあるうちはぐんぐん飲んだりしてるのに、なぜいったん口外に放出され、外気に触れた途端に極めて汚物と認定されてしまうのか。爪とか髪の毛もそうですね。身体に関係ないところでも、すべてのお料理だってそう。目の前の皿のうえに載ってあるうちは美味しくいただくこれは糧であり彩《いろどり》であり食すもの、しかしながらお腹いっぱいになってごめんねと思いながらもゴミ箱に入った瞬間、それはまったくのゴミになってしまう。

川上さんは「その時々の入れ物や環境が本質を変革するのです」という考えに至るのですが、続けてこう書いています。

それはお料理や分泌物だけにとどまらず、自分自身にもそのまま当てはまる気がして、社会や地域や時代といった「入れ物」に応じて、そこにある境目を越えることになってその姿勢や考え方の本質が変化するのなら、いつ何時でも信用できる主体性や本質なんてものはいったいどこにあるといえるのか。

この文章はまだ少し続きますが、不思議への明快な解答があるわけではありません。ないけれど思考のプロセスが味わい深く、つい読まされてしまいます。

①②のあとの③の「それにしても」は、答えが見出しにくい問いへの思索そのものの面白さとユニークさゆえに、言外に一種のつぶやきとして表現されている感があります。ともあれ①②の「何？」「なぜ」にこだわり続け、「答えのないのが答え」とばかりにボヤキ気味にぶつぶつ言ってみたり、あるいは深く慨嘆してみたりするのも一興ではないでしょうか。

以下少し、ぼくの①何？　②なぜ　③それにしても――の話です。

ある時、電車に乗っていたら、目を見張るような美女が乗り込んできたんです。「おー、何？　何者？」ですよね。それが①です。

ところが、車内の乗客は一瞬目を奪われたものの、すぐに関心を失ったようでした。②の「なぜ」なんですが、すぐに理由がわかりました。

彼女の顔はスマホを手にして目を落としたのと同時に、バサッと落ちた前髪で隠れて、やはりスマホを手にしている横並びの女性に同質化してしまったのです。

それにしても、スマホは凄い。③ですね。何しろ美女への視線まで吸い取ってしまうのだから、いや、本当にスマホは凄い――。唸る思いの体験談です。

子どもの鋭さを見習う

ところで知識や常識が増えるにつれて、驚きは減ります。同時に「何?」と不思議がる感受性も弱まるものです。

以前、ロシアに隕石《いんせき》が落下したときもそうでした。建物が壊され、物が吹っ飛ぶすさまじさは映像で見たものの、隕石についての多少の知識があると、宇宙だからこれくらいのことは起きて不思議はないと思ったりしがちです。

日常の物事になると、見方はもっと大ざっぱです。本当はよくわかっていないことでもわかったような気になっていて、何? なぜ? とは思いません。

かつて哲学者の三木清氏が、「原始人的な驚き」という言い方で「その驚きからじかにものを考えてゆく精神が失われている」と文化人のありようを嘆いてみせました。批評家の小林秀雄氏との対談での慨嘆ですが、これには小林氏も「近代人の全体にある弱さかね」と応じています。

要は感覚の鈍《にぶ》りをいうわけですが、今日その鈍りはもっと一般的なレベルで進行しているのではないでしょうか。

ぼくは近年、一種の子ども性というか、言葉の向こうに子どもの言葉を探そうと努めている詩人の言葉に魅了されています。芥川賞作家にして児童文学や詩も書き、童謡「サッちゃん」で知られた阪田寛夫氏に「きました」というこんな詩があります。

あさが　きました／きました／きました／「きました」は　うれしい

さらに「おじいちゃんが　きました」と続け、「うれしい／うれしい／「うれしい」がきました」と受けています。この詩にあるのは「あさ」「きました」「おじいちゃん」「うれしい」のたった4つの言葉です。用い方の妙なんですね。

阪田氏が先輩として尊敬していた詩人が、まど・みちおさんです。2014年の2月末、老衰でお亡くなりになりました。104歳でした。

まどさんの詩には動植物はもちろん、物の一切に初めて出会ったようなわくわく感が表現されていました。童謡詩人、やざき・せつお氏の言葉をお借りするなら、そこには「全てのものはそのままですばらしい」というまどさんならではの法則があったのです。

私は小学校で文章教室を開くとき、まどさんが70代半ばだった1985年に発表の「お

ならは　えらい」をよく使いますが、この題名もまた、まどさんの法則ですよね。

「おならは　えらい／でてきた　とき／きちんと／あいさつ　する／（略）せかいじゅうの／どこの　だれにでも／わかる　ことばで…（略）」

この詩を黒板に書いて、子どもたちに「おならは　えらい」にならって「――はえらい」を考えてみてください。そして同じように「えらい」理由を書いてくださいと言って、提出してもらいます。

以下の「――はえらい」は、東京都内の2つの小学校の児童たちが考えてくれたものです。そこでみなさんに問題です。

問題

子どもたちが書いた「――」は何でしょう。

――はえらい／すごく熱いものを　入れても／ドロドロのものを　入れても／文句を言わない

――はえらい／いろんなものを　はなやかにする／みんなの　さびしい気持ちを／ぱっと明るくしてくれる

――はえらい／失礼と　言われるけれど／何も悪くない／だって／ねむいことを　教えてくれる

――はえらい／――は人に勇気をあたえてくれる／こわいことをのりこえられる

「――」は次のとおりです。

お皿／色／あくび／自信

みなさんご自身も「――はえらい」を考えてみてください。当たり前を当たり前と思わず、「何？」「なぜ」と疑問を抱く。それが独自の見方を養うトレーニングになるんですね。

特別編 文章力アップのちょっとした秘訣―その❶
愛をもって見つめる

毎年、大学の木々が黄葉で染め上げられるころに、授業で「キャンパスの風景描写を」という宿題を出すことがあります。ゼミの論文などで説明、報告調の文章は書き慣れている学生たちも、描写は苦手なようです。

「風景の描写って、何かコツがあるんでしょうか」

と戸惑い気味に聞く学生もいます。ぼくはいつもこう答えています。

「愛をもって見つめれば、何でも描けます。愛です」

いい年した男の口から「愛」なんて言葉が出ては、そのまま受け流せないのでしょうね。

「えっ、愛」。聞き返す学生の声とともに、教室に笑い声が起きたりもしますが、ぼくはいたってまじめです。

愛をもって眺めることで心は目の前の対象へとストレートに向かいます。それは純粋な心の反応です。

そして心は、必ず何かを感じ取ります。「感」という字は「心＋咸」で、解字的にはこの一字に「心を強く動かす」という意が込められています。「心」と「咸」は一つのものなんですね。

感じる心は生き生き動いています。生き生き動く心は言葉をはぐくんでくれます。ですから描写の写は、心が写し取ったものというのがぼくの理解です。

話を具体的にして、誰かを好きになったとしましょう。

好きになったときから見る目が変わります。その人のすべてに熱い眼差しを注ぐことでしょう。その人の一声も聞き逃すまいと耳を澄ますことでしょう。

続いて、体にふれたいという思いも強まることでしょう。においだって嗅ぎたいと思う人もいるでしょう。

すべて愛ゆえの心の働きです。

こうして心が動き出すと、人間は言語動物ですから、内側から湧き上がってくる感情とともに言葉が生まれてきます。その言葉は伝える、伝えないはともかく、相手に対する正直な気持ちの表れに違いありません。説明でも報告でもない、描写そのものの言葉の誕生です。

言うに言われぬ思い、といった言い方がありますが、それでも短い言葉をつなぐように心の内に「詩」は生まれます。ただし、です。その詩をそのまま歌い上げては、美文調になりかねません。

「愛をもって」の愛は「感じる心」のためのもので、ラブソングのためのものではありません。感じる心が生んだ詩はいったん冷まして、甘美な世界ではなく、現実の世界で生かしてほしいのです。

拙いながら、ぼくの文章を書き添えておきます。花木への思いを描いたものです。

これまで桜を見て、どう感じていたのだろう。ふと気になったのは、この春は何か愛らしく思え、おお、咲いたか、可愛いなあ——とそんなつぶやきをもらしていたからだ。

そうか、桜を愛《め》でる感嘆や感慨も、その年それぞれの心模様なんだと納得すると、こんな句が頭をかすめた。

これはこれはとばかり花の吉野山　　貞室

まだ冷たい風にひるみながらも街に出ると、抱き合うように寄り添って歩く男女に、艶っぽく兆す春を感じたし、さえざえとした空に枝を突き上げている街路樹にも目が行って、立ち止まり見上げることしばしばだった。こぞって春に向かう風景に、わが身も力を欲していたということか。

好んで眺める木はケヤキである。これはずっと変わらないが、今年は春まだ浅い季節に裸木、いや見ようによっては枯れ木同然のケヤキばかりを見ていた気がする。

直立する幹から分かれて伸び上がる枝の先は、これ以上はと思えるほどの細かさで網の目に交差して、その上の空は青一色に塗り込められている。清々として、そこに疑わしいものなど一切ない。あるのはただ静かに立つ木の美そのものが表す生命力だけのように感じられ、不意に心も目も潤んだりするのだった。

　そのケヤキも木の芽張る春とあって、ほつほつと青い芽を出してきた。年々歳歳花相似たりで、花も木もますます心にふれてくる。こちらは歳々年々人同じからずながら、花木に思い感じる心があるうちは、人間、年相応に生きているということであろうか。

第2章 どう書くか

1―自分と周りとの関係性をどう描写するか。文章力が問われるところです。

❶人／❷物／❸自然

文章はどんな場面でも描き出せます。その強みを生かさない法はありません。この回では一つの世界を描く際に押さえるべきポイントを紹介しています。

周囲を描くと情感が伝わる

とりあえずぼくの友人で大阪に住むAさんの話と、近所の主婦B子さんの話を読んでください。

Aさんは夏休みで帰省していた息子さん一家のことを思い出しながら、電話口で寂しそうに話していました。

「朝の散歩で近くの公園を通りかかったら、噴水のそばに孫の水鉄砲が置き忘れたままになってんねん。台風が来る前にと、みな、数日いて東京へ戻ったんやが、水鉄砲を手に取ったら、何や寂しうなってな。しばらく朝の風に吹かれてたよ」

B子さんとぼくは東日本大震災で液状化被害に見舞われた東京湾岸の住宅街に住んでいますが、震災後しばらくたって顔を合わせたとき、生きていまあることの幸せをしみじみと話していました。

「節電で洗濯物を乾燥機で乾かすのはやめました。夕方、ベランダに出て主人や子どもの洗濯物を取り込むんですが、そのときって日のにおいと一緒にふわっと幸せを感じるんですよ。町

を染める夕焼け空もいいもんですね。手を休めてじっと見入っていることがあります」

お二人の話には共通点があります。ともに①人　②物　③自然――が語られています。すべて自分を取り巻いている周りのものです。言ってみればその場の様子、場面ですね。それがほどよい描写の妙を得て深い情感をもたらしているんですね。

そこで問題です。

問題　Aさん、B子さんの話に出てくる①人　②物　③自然――を具体的に書き出してください。

Aさんの話

①人＝

②物＝

③自然＝

B子さんの話

①人＝

②物＝

③自然＝

答えは次のとおりですね。
Aさんの話　①人＝息子さん一家　②物＝孫の水鉄砲　③自然＝朝の風
B子さんの話　①人＝主人と子ども　②物＝洗濯物　③自然＝夕焼け空、日のにおい

順序は問いませんが、人、物、自然と自分との関係性を押さえれば、そこに一つの世界が具体的に描出できるのです。藤沢周平氏の作品集『日暮れ竹河岸』（文春文庫）に所収の短編「夜の雪」でその点をみてみましょう。
「ひとかどの商人になったらかならず会いに来ます」と言ったままの男をひそかに待つおしづの胸中が読ませどころですが、ラストシーンはこうです。

おしづは縫い物を下におろすと縁側に出た。雨戸を繰ると、夜気がほてった頬を気持よくなでた。雪はもうやんでいた。縁側にうずくまったまま、じっと雪を眺めていると、門の戸がことことと鳴った。はっと耳を澄ましたが、物音は一度だけだった。誰もいない夜の道を、風が駆けぬけて行ったらしかった。

人、物、自然の描写を通して風が吹き抜けていくようなおしづの胸中を描き出していま す。最後の一行の「らしかった」という表現は、三人称の描き方ながら一人称のような感じをもたらす藤沢氏ならではの表現法です。効果的ですね。

余情の描き方をフォークソングに学ぶ

歌というと、今日では「曲先」とかで、メロディー先行、歌詞はあとから考えるというものが多いようです。かつて大ヒットしたフォークなどは、歌詞が売れ行きを左右していました。70年代フォークのグループを追っかけていた女子学生たちは好きなフォークの歌詞はノートに書き写していたという話です。

心に残る情景と、そこからもたらされる情感をどう伝えるか。それには人、物、自然との関係を描き出すのが一番だ、とフォークソングのシンガーたちは気づいたのでしょう。それらが織り成す世界をメロディーに乗せています。

フォークの名曲「旅の宿」（岡本おさみ作詞、吉田拓郎作曲）や「なごり雪」（伊勢正三作詞・作曲）にはこんな人、物、自然が描かれています。

「旅の宿」
①人＝浴衣姿のきみと、すっかり酔っ払ったぼく
②物＝ススキのかんざしをさしたときのきみが手にする熱燗《あつかん》徳利
③自然＝宿から眺める上弦の月

「なごり雪」
①人＝駅のホームで君を見送るぼく
②物＝時計を気にしているうちに動き始めた汽車
③自然＝春に舞う季節はずれの雪

こういう①②③トレーニングは、実際に自分が体験して感じ取ってのメモ化が何よりです。第1章で朝をどうとらえるかを甲、乙の問答でやりましたが、目に映る朝、例えば明るむ夏の朝を人、物、自然でどう描出するか。早起きしてぼくなりにメモ化しました。

①人＝新聞配達のバイクの音／辻を回るとワン君を連れたおばさん／いつも「おはようご

ざいます」と声を交わすご夫婦……

②物＝まだ起きていない家々の玄関先の朝刊／公園の隅に転がっているサッカーボール、ビールの空き缶、花火をしたあと……

③自然＝葉に一滴ずつ光っている草むらの露／肩のあたりでかすかに動く風／白い小花をつけた槿《むくげ》／見上げると、天のカンザシに見える百日紅《さるすべり》の花／夏木立に蟬の声／雀が呼び交わす鳴き声……

やがて東の空にはオレンジ色の太陽がぼんやりと浮かんで、早くも入道雲——。

どなたの作であったか、こんな川柳をよく覚えています。

夫婦二人やがて湯の沸く音がする

人と物で余情が醸し出されていますが、五・七・五と一定のリズムを持つ韻文と異なる一般の散文なら、こういう言葉がつくところです。

夫婦二人、やがて湯の沸く音がする。外はしのつく雨。

ジュリーこと沢田研二さんの歌う「時の過ぎゆくままに」は、男と女の漂うような愛の行方がこんなふうに描出できるのか、と聴き入ります。作詞は阿久悠さんでしたね。最後のフレーズが効いてますよね。もしも二人が愛せるならば――のあと、こう歌うんです。

〽窓の景色も変わってゆくだろう

景色は心模様を映し出さずにはおきません。部屋の中でいろいろ思いつつ眺める窓の外の景色なら、なおさらです。

そうそう、窓外の眺めということでふと頭をかすめた作品があります。村上春樹氏の短編集『中国行きのスロウ・ボート』（中公文庫）に所収の「土の中の彼女の小さな犬」で描かれたリゾート・ホテルの食堂でのひとコマがいいんですね。人、物、自然の配置の巧みさが場面をくっきりと浮かび上がらせ、「僕」の心もさらりと描出しています。

がらんとして人気のない食堂がまず描き出されます。「白い上着を着た二人のウェイター」は何をするともなくぼんやりと雨を眺めていた」と「人」が描かれています。そしてオムレツを食べ、コーヒーをすすり、朝刊を読む「僕」を描写したあとは、「窓からは海が見えた」「雨の中で何もかもがぼんやりとにじんでいた」などと「物」「自然」へと移っていきます。

この続きはそのまま引用しておきましょう。

僕がコーヒー・ポットから二杯めのコーヒーをカップに注いでいる時、若い女が一人、食堂に入ってきた。白いブラウスの肩にブルーの薄いカーディガンをかけ、膝までの長さのさっぱりとした紺のスカートをはいていた。彼女が歩くとコツコツという気持の良い音がした。上等なハイヒールが上等な木の床を打つ音だ。彼女の出現によって、ホテルの食堂はやっとホテルの食堂らしくなった。ウェイターたちも少しほっとしたみたいに見えた。僕も同じ気持だった。

村上氏のデビュー作で、群像新人文学賞受賞作の『風の歌を聴け』（講談社文庫）にはデレク・ハートフィールドという架空の作家の言葉を借りるかたちでこんな文章論が出てきます。

「文章をかくという作業は、とりもなおさず自分と自分をとりまく事物との距離を確認することである。必要なものは感性ではなく、ものさしだ。」

情感豊かな文章は周りの描き方にかかっています。外に目を向けて自分と①人　②物　③自然——との関係を確認する「3つが基本」と心得てください。

2―胸中は景（眺め）に託して描きましょう。

❶遠景／❷近景／❸心模様

胸の中の思いはどう表せばいいのか。文章を書いていて誰しも思うことですよね。
こういう手はどうでしょうか。

人間の内面をどう描くか

前の回は場面の描写が中心テーマでしたが、この回は人間の内面をどう描くかがテーマです。

例えば胸中のもやもやとした思い。この気持ちをどう表現すればいいのでしょうか。

「心が晴れない」、あるいは「わだかまったままの心」と書いたからといって、表現としてさして変わりません。もやもやとしたままですよね。

胸中の思いは形を持ちませんから、具体的には描き出せないのです。でも、いい手立てがあります。

まずはいったん頭を休めてみる。頭にある知識から離れると、心は外に向かいます。そして自然や建物や人々の様子など、視界にある風景を先入観にとらわれず、あるがまま眺めてみる。言ってみれば、景（眺め）に心を託すわけですね。

するとどうなるか。じっと眺めていれば、対象物から受けた感じが心に残るものです。その印象を言葉にできれば、そのときの胸中を表現したことになりませんか。

これは頭の中であれこれ考えて言葉を組み合わせた説明とは違います。描写です。といって写実ではありません。あくまでも感性でとらえた描写です。

景は大きくは遠景、近景に大別できますが、この遠近の距離感が胸中の表現に生きてきます。とにかく目を凝らし、耳を澄ませて感覚を働かせてください。以下、話を具体的にしましょう。

垂れ込めた黒雲を裂いて太陽が顔を出した日など、どの家のベランダや物干し場も主婦が出てきて、にわかにいそいそした気配がみなぎってくるものです。でも、がんを病む主婦が一時帰宅を許された日のそんなひと時は、どんな心境でしょうか。

彼女はその思いを句にしました。

空が見たい洗濯物を隅に干す

遠くの青い空が①の遠景、物干し場と洗濯物が②の近景ですが、①と②が一体となって③の心模様は語らずとも語られています。

実はこの主婦、ぼくのかつての同僚でした。笑顔しか浮かんでこないほど明るい人柄で、誰からも慕われていました。物干し場から見る青空に微笑んで、ささやかな幸福感に浸っていたのではないでしょうか。

自らを見つめた文章では①②を受けて③に心境が記されていたりするものです。次の例文は城山三郎氏のエッセイ集『この日、この空、この私』(朝日新聞社)より引きました。


それは、何でもない東京の都心、ナイターの光で明るくなった夜空である。

だが、その夜空を見上げたとき、世の中にこんなに美しい空があるのかと、私は思った。

その空の下には、楽しそうな観客の大群が居て、それぞれ屈託なく、貴重な人生を生き続けている。それなのに、おれ一人は――と、そのとき私は打ちひしがれていた。他でもない。体調不振、体重は四十七キロまで落ち、入院して精密検診を受けたところ、若い医師からガンと宣告された。

（中略）

次の日以降、病室の窓から見下ろす街行く人々が、どの人も幸福に輝いて見えた。生きているそのことだけで、人間は十分に幸福。それなのに、なぜおれだけがと、無性に口惜しく、情なく、腹立たしかった。

幸い一週間にわたる検診の最終結果は、若い医師の宣告とちがったものになり、私は命拾いした。

それ以降、何でもない一日もまた、というより、その一日こそかけがえのない人生の一日であり、その一日以外に人生は無い――と、強く思うようになった。明日のことなど考えず、今日一日生きてる私を大切にしよう、と。

さて、問題です。

問題

城山氏の文章の①遠景　②近景　③心模様――を考えてください。

①

②

③

①遠景は「東京の都心、ナイターの光で明るくなった夜空」、②近景は「病室の窓から見下ろす街行く人々」、そして③の心模様は、がんと宣告された際の「無性に口惜しく、情なく……」から誤診とわかった際の「何でもない一日もまた、というより、その一日こそかけがえのない人生の一日であり、……」と思えるようになるまでですが、①②を受けて③がより深まった文章になっているのが読み取れると思います。

ぼく自身も週刊誌の編集長時代、胃がんを患いました。そのことは毎日新聞夕刊のコラム「しあわせのトンボ」に書いたことがあります。以下はその部分引用です。

その年は9月半ばになっても酷暑が続いた。病室は消灯と共にクーラーも止まる。寝苦しくて、開けてはならない枕元の窓を少し開けると、夜風が初秋の気を運んでくれ、何とも心地いい。季節の変化にも無頓着に生きてきた自分を思うと、一層身にしみた。

朝は朝で最寄りの駅へと人波があえいでいた。病室の窓から見ていて、ご苦労だなあ、と同情しつつも、あの中の一人になりたいと心底思った。

以後、何かあっても、入院中の殊勝な自分を思い出すと、何とか気を取り直せた。

つくづく思うのである。人生の何たるかを気付かせたり、生き方をたしなめる上で、がんは実に大きい、と。

余白に宿るメッセージ性

ところで、石庭といえば京都の龍安寺が有名ですが、以前、時間をかけて京都の石庭を巡ったことがあります。

水を用いず、石や白砂などを配して山水に見立てる「枯山水」の石庭は、禅思想が生んだ日本式の作庭です。石と石との間の空間を広く取っていますので、しばしその余白を見つめることになります。

その時間がいいんですね。そこに禅の境地が表現されているのでしょうか、一種メッセージのようなものが感じ取れます。

ひるがえって400字詰め原稿用紙です。罫線を引いて作られた一つ一つの枡目に一字一字埋めていくわけですが、文章の切れ目では段落、行を変えて次の行から新たに書くことでそれ相当の余白ができます。

若い時分は、そんな余白のことなど意識していませんでしたが、いつの頃からか、ここはくどくど書かないでおこうといった気持ちとともに、余白の持つメッセージ性を意識するようになりました。そんなときによく思ったものです。原稿用紙は文の庭だと。繰り返しになりますが、胸中はもとより書きづらく、③の心模様は説明しても始まりません。遠近の景に託すのも、余白のメッセージ性にならった文章法と心得てください。

どなたの句でしたか、ふと頭に浮かびました。

石庭へ来て中年の恋しずか

3―最小のもので最大のものを描くと、深い味わいが出ます。

❶全体／❷部分／❸細部

観察眼に自信がおありなら、この回で紹介の表現法を大いに役立ててください。

物事の本質は細部にあり

寺田寅彦の随筆をよく読みます。物理学者としての研究成果を踏まえた作品もさることながら、観察力にものをいわせた文章により引き込まれます。

関東大震災については、多くの文筆家が直後の被災状況を書き残していますが、寅彦の短文集『柿の種』（岩波文庫）に収められた短い随筆は、「震災後、久しぶりで銀座を歩いてみた」と書き出して銀座の復興ぶりを描いています。

そこで問題です。

問題 銀座の商店街の様子は全体、部分、細部へと順次目を移して描写されています。それぞれ該当する箇所を挙げてください。

いつのまにかバラックが軒を並べて、歳暮の店飾りをしている。東側の人道には、以前のようにいろいろの露店が並び、西側にはやはり、新年用の盆栽を並べた葭簀《よしず》張《ば》りも出ている。

歩きながら、店々に並べられた商品だけに注目して見ていると、地震前と同じ銀座のような気もする。

往来の人を見てもそうである。

してみると、銀座というものの「内容」は、つまりただ商品と往来の人とだけであって、ほかには何もなかったということになる。

それとも地震前の銀座が、やはり一種のバラック街に過ぎなかったということになるのかもしれない。

（大正十三年二月、渋柿）

①全体……

②部分……

③細部……

「いつのまにか」で始まる一行が①全体、次の2行目の「東側の人道には」から「葭簀張りも出ている」までが②部分、「歩きながら」から「地震前と同じ銀座のような気もする」が③細部の描写ですね。

重要なのは③細部です。商品に目を注いだからこそ「やはり一種のバラック街に過ぎなかったということになるのかもしれない」と結ぶことができたわけです。細部にこそ物事の本質があり、真実も秘められているという見本のような短文に思われます。

観察力に裏打ちされた寅彦の人物描写も定評があります。『寺田寅彦随筆集第二巻』(岩波文庫)の「備忘録」に所収の「芥川竜之介君」と題した短文は「芥川竜之介君が自殺した」と書き出して、あとは細部に注目して芥川の姿をほうふつとさせています。

　私が同君の顔を見たのはわずかに三度か四度くらいのものである。そのうちの一度は夏目先生のたしか七回忌に雑司《ぞうし》が谷《や》の墓地でである。大概洋服でなければ羽織袴《はおりはかま》を着た人たちのなかで芥川君の着流しの姿が目に立った。ひどく憔悴《しょうすい》したつやのない青白い顔色をしてほかの人の群れから少し離れて立っていた姿が思い出される。くちびるの色が著しくあかく見えた事、長い髪を手でなでて上げるかたちがこの人の印象をいっそう憂鬱《ゆううつ》にした事などが目に浮かんで来る。参拝を終わってみんなが帰る時にK君が「どうだ、あとで来ないか」と言った時に黙ってただ軽く目礼をしただけであったと覚えている。そんな事まで覚えているのは、その日の同君が私の頭に何か特別な印象を刻みつけたためかと思われる。

よく読めば、この文章も①全体　②部分　③細部――へと目が移っているのがよくわかります。

「くちびるの色が著しくあかく見えた事、長い髪を手でなで上げるかたちがこの人の印象をいっそう憂鬱にした事などが目に浮かんで来る」という細部が、やはりポイントですね。

心のレンズが一点にズーム・イン

私事になりますが、最近、多少とも、と物の整理にかかっています。「断捨離」ですね。捨てる、置いておくという区分けの作業をしているうちにわかったのは、人間の頭と目はおのずと全体―部分―細部へと動くということです。

神経も一枚の写真や一通の手紙などに集中し、そうして残したり、捨てたりしたものにその時々の真実が秘められていることがよくわかりました。

寺田寅彦に話を戻しますが、彼は俳句もよくします。俳句観は「俳諧の本質的概論」（岩波文庫『寺田寅彦随筆集　第三巻』）に詳しく書かれていますが、作品にふれれば細部こそが実は全体の本質をとらえているということに気づかされます。

例えばこんな句です。

塵の世に清きものあり白菜哉

所詮この世は汚れた塵の世。なんと白菜の清らかなことか、と詠むわけです。

それで思い出したのが、日本の近代批評を確立した小林秀雄氏のことです。詩人中原中也の恋人だった長谷川泰子という女性と同棲していたのは知られていることですが、氏が別れようと思ったときの心の状態が、何とも興味深いのです。白洲正子さんが『いまなぜ青山二郎なのか』（新潮文庫）にこう書いています。


ある晩、彼女は荒れに荒れて、一睡もしなかった。小林さんはそばにつきっきりで面倒をみていたが、夜が明けたので外へ出た。その頃小林さんの母上は畑で野菜を作っており、キャベツがいっぱいに朝露をあびて、きらきら光っているのを眺めているうちに、「もうこれでいい。するだけのことは全部した。思い残すことはない」と、はっきり自覚したそうである。

何故《なぜ》かその話は強く私の印象に残っている。おそらく小林さんは世間の人たちが考えているよりずっと素樸《そぼく》な人間で、自然の風物から直感的に教えられることは多かったに違いない。寝巻のままで彼は家を飛び出し、友人に金を借りたりして、最後に奈良へ辿《たど》りついたのは周知のことである。

このことをどうのこうのと説明するのはおよそ不可能でしょうし、また意味のないことでしょう。人間は、というより、小林秀雄氏のように直感の鋭い人であってみれば、キャベツの朝露を眺めて、というだけで説明は尽くされているでしょう。ここは心のレンズが全体から一点にズーム・インしたというふうに映像的にもとらえてほしいところです。あらゆる事物、すなわち万象に対して心は動くものですが、人生とかかわる一大決心は細部によって動かされるものです。その細部はまた全体を語って余りあるのです。

次も寺田寅彦の一句です。

粟《あわ》一粒秋三界を蔵しけり

まことにもって小さな一粒が持つ大きさです。

なぜ「小さい秋」はイメージしやすいのか

さて少し趣を変えましょう。よく「小さい秋」と言います。

俳人金子兜太《とうた》氏のお父さんは山国秩父の開業医でした。山道を自転車で往診していたそうです。

自転車を降りて、てくてくということもあったようですが、そんな日々からお父さんはこんな句を詠んでいます。

往診の靴の先なる栗拾ふ　　金子伊《い》昔紅《せきこう》

足元にあった秋の名残ともいうべき栗に気づいての一句です。そのときの秩父の山は、全体が秋色に染まっていたことでしょう。そこで秋という季節の①全体　②部分　③細部をどうとらえるかですが、ぼくなりに思いついた時候や風趣のもろもろを挙げておきたいと思います。

①全体

秋晴れ／紅葉／実りの秋／秋雨／月見／夜長／星月夜……

感情表現はいろいろあります。

ほろりとなる／わびしい／身にしむ／しみじみ／物思う……

②部分
風の音／虫の音／いわし雲／刈田《かりた》／赤い羽根／美術展……
③細部
白露《しらつゆ》／朝露／散りもみじ／庭木の影／山道の木の実／稲穂の音／片隅の団扇《うちわ》……

こうして列記してみると、大きくとらえた秋より、小さい秋のほうが、周囲の景色まで思い描かせてくれ、季節感も豊かなことがよくわかります。

問題

ここで少し頭のトレーニングです。「小さい秋」については先述のとおりですが、冷凍庫に残っているアイスクリームといったものも秋といえば秋ですよね。日常の生活感覚とともにある秋を考えてみてください。

ICE CREAM

「便座のぬくもり」とか、「朝方、布団に入ってくる猫」とか、あるいは「軒先に吊るされたままの風鈴」とかは思いつきませんでしたか。

物事を概括的に全体でとらえれば、イメージは大ざっぱに広がり拡散します。何を言いたいのか肝心なこともぼやけてしまいます。

それより急所とも言うべき細部を具体的に描出すれば、読み手の心象は周辺にも及び、物事全体が持つ意味合いへの理解も早まり、深まるものです。説明しようとしてもしづらい事柄を書く場合など、一点でとらえる表現法を取らない法はないように思われます。

結びに細部を描く効果

この回の最後に、人生の断面を彫り深い文章で描いた永井龍男氏の名作「冬の日」のラストを紹介しておきましょう。

娘亡きあと、娘婿と間違いを犯した登利が、その婿に対する情欲を自ら断って家を出て行こうとする心情を何気ない日常に描き出しています。

二本の桜の細々とした冬枝越しに、真赤な巨《おお》きな太陽が、登利の真向かいにあった。

元日の夕日であった。

黒い屋根屋根の上で、それは弾《はず》んでいるようにも見え、煮えたぎって音を立てているようにも感じられた。窓に身を任せた登利は、深々と息を吐き板の間へ両膝《りようひざ》を突いてしまった。

激しい情欲が迫り、煮えたぎる太陽の中へ、遮二無二《しやにむに》躍り込んで行く体を感じた。

太陽はその間も、一瞬ごとに沈んで行った。

小ぢんまりとした、古い二階家だった。

床の間に供えられた小さな鏡餅には、もう罅《ひび》が入っているようであった。


小さな鏡餅。しかもそれには罅が入っています。この細部によって名作「冬の日」はじょうじょうとして尽きない余情を漂わせてみせるのです。

ところでぼくは、情報の整理にボックスを使っています。その中でも重視している一つが「最小─最大」と名づけたボックスです。

最小のもので最大のものを得るというほどの意味ですが、いまメモを取り出すと「一本の白髪」と題して以下のことが書いてありました。

〈その女性は50歳過ぎだが、少女のころから難病を患い、医者から何度も余命を告げられながら奇跡的に生きてきた。ある日、自分の頭に一本の白髪を見つける。普通なら「嫌だわ」と言うところだろうが、その女性、一本の白髪に「自分もやっと老人になるところまで生きのびたのだ」と喜んだという。河合隼雄氏『「老いる」とはどういうことか』（講談社＋α文庫）より〉

最小のもの「一本の白髪」、それで最大のもの「生きる喜び」を得られたという話――、とボックスに収めていたんです。

こんな整理法、いかがですか。

4―視て聴けば、生命の何たるかも描けます。

❶視／❷聴／❸生

ほかの生き物とは違って、死が自覚のうちにある人間って、悲しいなあ。生と死。生きるとは……そんな思いにとらわれて、何か書きたいと思っている人、ぜひ一読してください。

この世との別れの言葉

よく「もののあはれ」という言葉とともに日本文学の本質といったことが説明されます。本居宣長が『源氏物語』の注釈書『玉の小櫛《おぐし》』で『源氏物語』の本質は「もののあはれ」であると説いたことからきている文学的にして美的な理念です。一般には四季の移り変わりや人生に対するしみじみとした情趣や男女間の哀感の世界などを表す言葉として使われています。

いずれにしても出会いがあれば別れがある。それが人の世です。「もの」の道理も「あはれ」の情感もそこにあります。無常迅速。やがては誰にも訪れる身内や親しい他者との死別、生別などは「もののあはれ」の極みでしょう。

ですが、生命を文章で描き出すのは簡単なことではありません。説明では理に落ちてしまうし、描写といっても何をどう書けばいいのか。筆力が問われるところです。

ただ文章というのは、描き難いものでもそのものに特有な性質や本質などに着目し暗示することで、明示し得るのです。以下、論より文例で学んでもらいたいと思います。

文芸評論家の秋山駿氏に『「死」を前に書く、ということ――「生」の日ばかり』（講談社）と題した遺作があります。雑誌「群像」の2013年4月号に発表の49回目の連載が最後となり、氏はその年10月に亡くなりました。83歳でした。

住まいの団地14階、三角机のある部屋の窓から日常的な生活感覚で外の世界を眺め、この世との別れの言葉を探していた日々が綴られています。とりあえず（二十八）の一節を引いておきます。

昼間、三角机から、外の景色を見ていた。沢山の洗濯物、家々、その屋根、その窓、通る車。——つまり、外の世界があり、外の生活があり、「暮らし」があった。
それを見ながら、わたしは、一言、言いたいことがあった。——「さようなら」。するとと、心の奥から、いや、それではいけない。こういう場面にふさわしい、もっとちゃんとした言い方があるはずで、おまえは、その言葉を、ずっと以前に決めていたはずだ。
それは、そうだった。うっかりしていた。中原中也を探がしてみよう……。

中原中也は秋山氏が少年の頃から親しんでいた詩人でした。(十四)にはこんな一文もあります。

外出。一歩、一歩、杖突いて、「命」が歩いている。

記述は前後しますが、(十九)ではすっかり花を散らした桜が「光りを浴び、青葉を精一杯に輝かそうとする樹になっていた」と記して、こう吐露しています。

植物の、こういう移り変わり（成長というのか）に、なんだか畏敬の念が生じてきた。畏敬の念は、光りと共に在った。それは、わたしを照らし、わたしを包み、わたしの奥深くへと浸透する。

そしてその日の思いをこう結んでいます。

しかし、いまは違う。いわば、「生」の素晴らしく盛んな光景が展開する世界を見ながら（自分もその世界の一員なのに）、わたしは、貝が蓋を閉じるように、直ちにこう思った。

——「私は、此処に、呼ばれてはいない」。

同書はこのように「視ること」で伸び盛りの植物の生と対比して、自らの衰えをとらえてみせるのです。

「視ること」に加えて「聴くこと」を通しても、生を浮かび上がらせています。(十)にはこうあります。

蟬がしきりに鳴いている。
蟬の合唱を聞いていると、ああ、今年もよく生きてきたのだな、という気がしみじみとする。

季節にも、その季節の「魂」というものがあって、蟬の合唱は、夏という季節の、魂の声である、と感ぜられる。

文例を引けば切りがありません。ほんのわずかの引用でしかないのですが、ぼくの意図する描写法①視　②聴　③生——がわかっていただけたでしょうか。自然の子としての人間の生と、天来の伴奏のごとく鳴く蟬の懸命な生とを相照らす中で、生きているということ、さらにはなんともはかない生を浮かび上がらせているのです。

秋山氏の書かれたものでは、藤沢周平氏の代表作『蟬しぐれ』の解説（文春文庫）が好きでした。ゆったりとして、まろやかで、それでいて大きくうねる文体で、少年藩士の清朗さを温かく包み込んでいます。

「これが、青春である。青春とは、友と恋との場面において、若者が一人ずつ、たった一人の人間となって直立し、現実に直面し、自分の生の証しを見出そうとする光景なのである」と若き生をうたい上げていました。

視ること、聴くことで自己をとらえる

引き続きこの回のテーマ、生命をどう描くかですが、その手法は繊細な心象を短編に結実させた詩的散文の作家、梶井基次郎の著にもうかがい知ることができます。大阪生まれ。京都の三高から東京帝国大学に進みましたが、昭和7年（1932）に結核で31歳で早逝した作家です。

『ある心の風景』や『城のある町にて』『檸檬《れもん》』など、紹介したい著書はいろいろあります。そこに共通しているのは、風景に見入ってその奥に潜むものと自らの存在が一体化した世界の広がりでした。時にそれは幻想的でもありました。

その鋭敏で特異な感覚に感じ入りつつ、ぼくらはまだ若き作家の命の限りを見ることに

なります。五感（視覚・聴覚・嗅覚・触覚・味覚）のうち、とりわけ視ること、聴くことを通して、いまは生きて在る自己をとらえるわけです。『ある心の風景』には京都は賀茂川の岸辺におけるこんな感情の流れが描かれています。

川のこちら岸には高い欅《けやき》の樹《き》が葉を茂らせている。喬は風に戦《そよ》いでいるその高い梢《こずえ》に心は惹《ひ》かれた。やや暫らく凝視《みい》っているうちに、彼の心の裡《うち》のなにかがその梢に棲《とま》り、高い気流のなかで小さい葉と共に揺れ青い枝と共に撓《たわ》んでいるのが感じられた。「ああこの気持」と喬は思った。「視《み》ること、それはもうなにかなのだ。自分の魂の一部分あるいは全部がそれに乗り移ることなのだ」

喬はそんなことを思った。毎夜のように彼の坐る窓辺、その誘惑――病鬱《びょううつ》や生活の苦渋《くじゅう》が鎮《しず》められ、ある距《へだた》りをおいて眺められるものとなる心の不思議が、此処の高い欅の梢にも感じられるのだった。

『城のある町にて』には「今、空は悲しいまで晴れていた。そしてその下に町は甍《いらか》を並べていた」とか、「ササササと日が翳《かげ》る。風景の顔色が見る見る変ってゆく」といった有名な章句があり、詩美の感覚にみちています。

ほか、彼の手になるさまざまな文章は、大正から昭和にかけての同世代はもちろん、その後の世代の作家に大きな影響を与えました。短命を予知していたであろう若き作家が、人間と風景の関係から存在の奥に迫った無類の感覚描写——「近代日本の純文学、詩美の故郷のような存在」と述べる評論家もいるほどです。

ここでもう一文、歌人の文章を引用させていただきます。逝ってはや5年になる河野《かわの》裕子《ゆうこ》さんとの闘病生活を綴った、やはり歌人で夫である永田和宏氏の『歌に私は泣くだろう』（新潮文庫）にある河野さんの述懐です。


十余年まえの秋の晴れた日だった。乳癌という思いがけない病名を知らされたあの日の悲しみをわたしは生涯忘れることはあるまい。鴨川のきらめく流れを、あんなにも切なく美しく見たことは、あの時もそれ以後もない。

人には、生涯に一度しか見えない美しく悲しい景色というものがあるとすれば、あの秋の日の澄明な鴨川のきらめきが、わたしにとってはそうだった。この世は、なぜこんなにも美しくなつかしいのだろう。泣きながらわたしは生きようと思った。

感懐を胸に抱くと言いますが、懐かしいと思う感情は胸中に湧くものです。望郷の念にかられ、帰省して目にしたふるさとの山、川、町、学校、お寺……懐かしくて、何だか有難くて、胸にしみじみとくるものがあります。ですが、この世が懐かしいと思う気持ちは、単なる懐かしさとは趣が異なるでしょう。

春、または秋の一日、ぼくは京都は出町柳近くのお寺を訪ね、毎日新聞の大阪社会部時代に何かと面倒をかけた先輩のお墓をお参りします。その帰途、ふと思うのです。がんを患い、この近くの大学病院で治療を受けていた先輩は、いまぼくが目にする鴨川（上流は賀茂川）の流れや大文字山をどんな思いで眺めていたのだろうか。そのときほど、この世が懐かしく思えたことはなかったのではなかろうか、と。

岸辺を歩きつつ、ぼくはこんな感慨にもとらわれます。京都ほど、この世への思いを募らせる都もないだろうと。

察するに河野さんは、視界の中に現に在る京都に、自分自身でもあった歌の世界も、いま在る生命の原郷も、併せて視ていたのではないでしょうか。

日本語と五官、五感の深い関係

ところでこれまでは五官（目・耳・鼻・皮膚・舌）と五感のうち、とくに目と耳、視ることと聴くことを中心に述べてきましたが、もとより文章は五官、五感の働きを得てのものです。

五官は感覚器官ですから、身心と同居しています。少しそのことにこだわると、言葉もまた人体そのものが生み出していることがわかります。

とにかく日本語には体の各器官の感覚反応や動きを伴った言葉がたくさんあります。生命には「息をのむ」「息をつく」などの言葉が直結しますし、身体動作では腹なら「腹に据えかねる」「腹の皮がよじれる」、口なら「口が滑る」「口が曲がる」といったぐあいに数あって、とても書き切れません。

欲しくて欲しくてたまらないときの「喉から手が出る」などは、肉体の体験がどうかかわってこういう言葉になったのだろう、と感心しつつ考えてみたりします。かつ、これらの言葉が「口をついて出る」じゃありませんが、内臓の最先端部の口から発せられているというのも、言葉の生いたちを考える上で興味深いテーマですね。

こうみてきますと、詩人のみなさんが身体感覚に根差すオノマトペ（擬声語・擬態語）

にこだわっているのも、人間存在のそもそもに迫ろうとしてのことと理解できます。詩人の谷川俊太郎氏と和合亮一氏の対談本『にほんごの話』（青土社）では意味以前の言葉や肉体の奥から出てくる言葉について語り合っています。

谷川氏はこんなことを言っています。

詩を作るときには「何を書く」というのを頭から追い出さないと駄目だ、というふうに思っています。だから、左脳をシャットダウンしてしまう。もっと脳よりも下、丹田《たんでん》で考える感じかな。

頭を空っぽにして腹の下から上に出てくる言葉を待つというわけです。生身の人間のリアリティー、言ってみれば生命の言語にいかに執着しているかがよくわかる話です。このあたり、この回の①視　②聴　③生——のバックグラウンドの世界と理解していただければ幸いです。

ここで言葉と人体の関係する音とか音楽のことも少し考えておきましょう。

学生時代、ビートルズが全盛期でしたのでロックもよく聴きました。といってクイーンならクイーン・サウンドが両の耳から流れ込むのにまかせていた楽しみ方で、英語の歌詞は大ざっぱにしか理解していませんでした。いまもってそれは変わりませんが、でもそれで十分心地いいんです。むしろ歌詞の意味は？　などと頭を働かせないほうが心もみたされるんですね。

頭（脳）と心の関係では、身体反応に伴う感情が頭に届くまで心に経過的反応が表れるという説がありますが、耳の鼓膜を震わせて入ってくる音波はストレートにハートにふれてくる感があります。それと同時に身体を共振させずにはおきません。

その点で音楽は、言葉が誕生する以前に感情を豊かにさせたばかりか、感情を表さんとした声（音）をもたらし、続いて形容語を形成していったのではないかとも考えられています。

赤ちゃんは意味を成さない音声をつぎつぎ発します。そのうち「ブーブ」とか「ワンワン」とか、音声のコミュニケーションとでも言えそうな片言を身につけてきます。意味がわかった上で言葉を口にするのはそのあとのことです。

音声のコミュニケーションというと、鳥の鳴き声もそうです。鳥たちはさえずり合ってたがいの意思を伝えています。

週末など、ぼくはいい空気を求めて電車に乗り、バスに乗って旅人になります。利根川の奥の山里をよく歩きますが、ときどき小高い山の一本松の枝先にトンビが1羽とまって、ピーヒョロ、ピーヒョロと鳴いているんです。思わず耳を澄ますと、ピーヒョロに和すように川の流れや木の葉を揺らす風の音、それにセキレイなどの鳴き声も耳に入ってきて、さながら自然の音楽に聴き入る気分になります。

そんなあれこれを思い出して想像すれば、もともと人間にとっては言葉より音を組み合わせて感情を表現する音楽のほうが根源的なのではないか、と思われます。

鳥のさえずりにヒトの言葉の起源を探っている生物心理学者がいます。人間はほかの生き物と一緒に森の奥に棲んでいたわけですから、興味を引くテーマです。

してみると、①視　②聴　③生――と文章にする作業は、人の生の根源をも探っている作業だと言えるのではないでしょうか。

嗅・触・味でとらえる生

視・聴のほかの嗅・触・味にもふれておきましょう。これらの感覚にも、視ること、聴くことに負けず劣らず、生命や生きているということにつながる要素は多々ありです。

「嗅」ですが、これは五感の中でも脳にダイレクトに伝わるようですね。専門家によりますと、ガス自殺を図った男が、みそ汁のにおいで死ぬのを思いとどまった事例があるそうです。「母親の思い出がよみがえったのかもしれません」という話です。

このように感じ取ったにおいが直接脳に伝わるということは、それだけ嗅覚が意識にのぼらない、原始的な感覚だからなんだそうです。においには危険か安全かなど、予知的な面がありますが、それも人間の本能的な行為と関係します。

続いて「触」です。これはありていに言えば「さわる」ということですね。

それで思い出すのは、朝の散歩時、よく出会う近所の犬の頭をなでてやっていると、登校中の女児2人が「さわってもいいですか」と近寄ってきて犬の頭を何度もなでていたことです。それはそれだけの話なのですが、「さわりたい」という欲求は注意を要します。それが人に対して露骨に現れれば、事件にだってなりかねません。

与謝野晶子の「柔肌の熱き血潮に触れもみで淋しからずや道を説く君」という短歌は察しのつく世界ですが、よく言われる「骨董狂いは恋愛に似ている」といった言葉はどういうことでしょうか。陶器の肌ざわりが、愛する異性の肌をさわるのと通じるものがあるという意味合いもあるのでしょうか。

やはり骨董好きで知られた小林秀雄氏は、江藤淳氏との対談でこんな話をしています。

「絵というものは、なんだか歯がゆいもんですね。さわることができないからね。だから絵を見ていると、しきりに言葉が浮かぶのです」（『小林秀雄対話集』講談社文芸文庫）

思うに、さわりたいというのは見るだけでは得られないものを感じ取ろうとする人間の切実な感情なのでしょう。小林氏に言わせれば、「生物に一番基本的な感覚」だそうです。

氏はさらに同じ対談でこうも言っています。

「ぼくが物を見るというのも、さわるように見るという意味なんです」

「触」という感覚の奥深さと同時に、生き物の生と触の密接感がうかがえる言葉ですね。

さて、五感で残るのは「味」だけになりましたが、ぼくはその味覚と生命がストレートに結びつく体験をしています。

20年前、胃がんの手術を受けたのですが、残った胃袋と腸を縫い合わせた体内を食物がスムーズに通るかどうかのテストがありました。担当医から説明を受け、何やら白い液を飲まされました。

その通過ぐあいをX線か何かで観察しているのでしょう。緊張の時間が刻一刻と過ぎて、担当医が「ちゃんと流れています。よかったですね」と言いました。

ぼくには原始的なふるいにかけられたという実感がまずありました。続いて、人間の生命とはつまりこういうことなんだ、とつくづく納得させられました。

でも、こういう人体実験に似たテストをされると、気持ちも何か昂じるのでしょうか。白い液ではなく、好きなコーヒーを体内に流し込んでみたくなったのです。

もちろん許されることではありません。まだ高カロリーの点滴で生きている体です。退院しても刺激物は避けなければならないはずです。

でも飲みたい。流動食からおかゆになったころを見はからって、病院地下の軽食・喫茶からコーヒーを病室まで持ち帰りました。

コーヒーは芳《かぐわ》しい香りを放ちながら、ひそかに体内に染み込んでいきました。おそらくそのときのコーヒーはぼくの人生で何番目かの最高に幸せな味であったでしょう。生きているということをこれほど教えてくれた味覚もなかったように思われます。

問題です。

問題

こんな一句があります。

ゴミ出しの度《たび》に感じる生きている

MBSラジオの「しあわせの五・七・五」という番組に寄せられた川柳です。なるほど、ですが、この「ゴミ出しの」の部分をほかの上五にしてください。と呼びかけたところ、リスナーからたくさん寄せられました。みなさんならどんな言葉が浮かびますか。できれば、この回のテーマの五感で考えてみてください。

リスナーの上五はこんなふうでした。

さくら見る／空をみる／満月の／箸を持つ／風を斬る／おしゃれする／紅を引く／りこんする……

いろいろ考えつくもんだなあ、と選者役で出ているぼくは感心して、わかる、わかるを連発していました。五感ということなら「紅を引く」なんかいいですね。

5―景色は語らいを生み、共感を呼んでくれます。

❶情景／❷語らい／❸共感

思い出のひとコマを書いておきたい。そう思いつつ、そのままになっている人へのアドバイスです。

思い出に情味が加わる風物の描写

語らう。好きな言葉の一つです。話すとか、話し合うといった言葉より、ずっといい。友人や仲間の姿が浮かんでくるんですね。

とりわけ気心の知れた相手との楽しい語らいですと、思い出の幸福度ランキングでも上位に入るでしょう。

人は語らっているとき、それほど周囲の景色や風物を気にとめていません。でも、そのひと時を思い出すと、情景が一緒に頭をかすめてきます。

文章の授業のお手伝いをしていた女子大で、「思い出のひとコマ」を書いてもらったところ、こんな小文がありました。

「好きだったバレー部の先輩とその日の練習のことを話し合ったあと、2階の教室の廊下から一緒に夕焼け空を見た。わけもなくこみあげてきて、先輩の手を思わず握って気持ちまで口にしていた」

先輩との関係は過去形で書かれていましたが、このシーン、彼女の人生に深くとどまり、消え去ることはないように思われます。ほかにも部活と夕日というシチュエーションの話があって、学園ドラマを見ているようでした。

以前、中野翠さんが「サンデー毎日」の連載コラムで、佐藤愛子さんの「私の幸福」という演題の講演を聴きに行ったときの感想を書いていました。佐藤さんは「何年か前に東北のローカル線に乗っていたときのこと」と言って、こんな話をしたそうです。

同じシート（4人がけシート）に女子高生2人が座っていて、1つの「ポッキー」

を2人でつまみながら、試験に備えてか教科書を読んでいた。窓外は夕闇が迫っていた。しばらくして、そのうちの1人が下車し、またしばらくして、もう1人が下車した。小さな駅。制服の後姿が闇の中に消えて行った……。

愛子さんの話はさらにこう続きました。

あの2人は今は今で辛いことはあっても、これから大人になったら、こんな何でもないひとときが懐かしく、あの時は気づかなかったけれど幸せだったと思うようになるんじゃないか、と。幸せというのはそういうもんじゃないか、と。

情景が情味をもたらしている、そんな感を覚える話ですね。
ぼくにもこんな体験があります。
テレビ局で働く友人のお母さんが肺がんを患っていました。68歳のとき切除したのですが、2年後に再発して抗がん剤治療を受けながら入退院を繰り返していました。見舞いを兼ねて、帰宅を許されたお母さんをケヤキ並木の喫茶店でお待ちしました。

陽春の昼下がりでした。お母さんは店内にも春を伴うようなピンクのコートをひらひらさせてやってきて、座るや、歌うように言いました。

「今日の日を楽しみにしてたんですよ」

数日前に友人から抗がん剤が劇的に効いて、2つの病巣の1つが消え、もう1つが小さくなったと聞いていたのですが、間近で見るお母さんは、ここまで喜びを表現できるのかと思えるほど生き生きしていました。

時折笑顔を外に向け、日に照らされて揺れているケヤキの新葉を眺めていました。

ぼくが駅前の花屋で買ったカーネーションを渡すと、お母さんは「うれしいわ」と声を弾ませ、バッグから小さな容器を取り出しました。

「丹波の黒豆です。昔よく煮たんですよ。きのうの晩、久しぶりに台所に立ちまして」

その夜、黒豆を何粒もいただきました。お母さんから元気をいただいた思いとともに、気持ちも春になっていました。

お母さんは翌年の秋、入院中に肺炎を併発して亡くなったのですが、楽しく語らったその日のことは、そのままよみがえってきます。それが切ないと言えば切ないのですが――。

描写で心がけたい彩り

以下、文章論を少々。「言葉に表せないほどの素晴らしい景色」などと言いますが、そんな景色を眺めつつの語らいだと、話は一層弾んで言葉には困らないでしょう。そしておたがいが覚えた共感は読み手の共感にもなりますから、視界にある自然描写や場面描写は読者が感情移入できるよう工夫してください。

さて問題です。

問題

ケヤキ並木の喫茶店での話ですが、読者の印象に残る描写を、とぼくなりに彩りを心がけました。それはどんなところだと思われますか。

次の3点です。

・お母さんのピンクのコート
・日に照らされて揺れているケヤキの新葉
・お母さんが久しぶりに台所に立って煮たという丹波の黒豆

いずれも色彩を意識して書きました。彩りは読み手に鮮明なイメージをもたらすので、描写のポイントになります。

ひと昔前になりますが、小唄を習っていました。三味線の音も好きだったのですが、それ以上に魅かれていたのは唄の文句です。例えば「四万六千日」です。

〽逢いたさを　じっとこらえてつりしのぶ　チンチロリン
風鈴に風は来るのに　今日此の頃は
聞きたい噂も　風便り
そうそうあの日は　四万六千日

仲よく買ったほおずきが
泣いて待てとのなぞかいな

7月の9日、10日の浅草寺は「四万六千日」でほおずき市が立ちます。この日にお参りすれば四万六千日分の功徳があると言われていますが、この唄に出てくる風物は風鈴といい、ほおずきといい、季節を彩っていますよね。

名作に見る「空」の描き方

ところで情景描写で目立つのは空です。『徒然草』の第二十段「なにがしとかやいひし」を引いておきましょう。

なにがしとかやいひし世《よ》捨人《すてびと》の、「この世のほだし持たらぬ身に、たゞ、空の名残《なごり》のみぞ惜《を》しき」と言《い》ひしこそ、まことにさも覚えぬべけれ。

現代語訳は次のとおりです。

何という名の人であったか、ある世捨人《よすてびと》が、「何一つとしてこの世に心引かれるものを持っていないこの身に、ただ、空の風景だけがなごり惜しい」と言った。実に共感させられることばである。（『徒然草（一）　全訳注　三木紀人』講談社学術文庫）

空といえば、歴史小説に数々の名作を遺した吉村昭氏の随筆集『わたしの流儀』（新潮文庫）にこんな文章があります。

私は、朝、目ざめると大過なくすごしている自分は幸せだ、と胸の中でつぶやくのを常としている。自らに暗示をかけるのだが、その言葉をつぶやくと気分が明るくなり、今日一日しっかり仕事をしようと思う。

（中略）

今日は快晴で、書斎の窓から見える空には雲一片もない。こんなに青く澄んだ空を見ることができるのは生きているからで、生きていなくては損だとつくづく思う。

氏は若い頃、肺結核、それも末期の患者だったそうです。朝の目覚めと一緒に「生きていた、ありがたい」と思った、と同じエッセイにあります。人を問わず、大病経験はその後の生と、それに伴う幸せを実感させるものです。

そんな思いの日々を重ねて、２００６年の7月、氏は膵臓がんで他界しました。妻で作家の津村節子さんの「『お別れの会挨拶』全文—吉村昭氏の最期」（『文藝春秋』２００６年10月号）の次のくだりを読んで、ぼくは心を覆っていたものが少し払われた気がしたものです。

吉村は自宅二階の寝室のベッドで寝たいと言いましたが、それでは介護がしづらいので、一階の、毎年編集者の方達との新年会に使っていた広めのリビングに、リクライニングのベッドを入れました。

ひぐらしが鳴いて、井の頭公園の風が吹いてくるのをとても喜んでいました。

最期、吉村氏は自らの意思で点滴の管のつなぎ目を外し、首の下の皮膚に埋め込んだカテーテルポートの針を抜いたそうですが、自宅で自然が身近に感じられるところに身を置いて、せめてもの安らぎを得ていたのではないでしょうか。

『文藝春秋』の同じ号に「昭和二年生まれの戦友へ」と題した城山三郎氏の「送ることば」が掲載されています。いつも空を見て「僕は幸せだなあ」という吉村氏に「幸せ教だね」とからかったものだという話も出てきますが、津村さんが吉村氏との最期の日々を純文学に昇華させた『紅梅』（文春文庫）で、明らかに城山氏と思われる「昭和二年生れの作家」が登場して、そのやりとりが再現されています。

吉村氏のこんな言葉もあります。

「加山雄三じゃないけど、幸せだなあ、ボクは、と思う（笑）。胸の中でそう呟くの。それで起きる。」

本当に空と一体の幸せ教だったのですね。

吉村氏ほどではないにしろ、年を取るにつれ空を見上げることが多くなった気がします。黒雲を裂いて太陽が顔を出した雨上がりの空。雲の峰が立つ夏空。澄むしかないような秋の空。悲しいまでの冬晴れの空……見上げて手を思いっ切り広げ、空の広がりを感じ取る日々です。

情景と会話で読み手の共感を引き出す

空の話で文章論が横道に入ってしまいました。元に戻して、①の情景を受けた②の語らいをもう少し述べておきたいと思います。

文章上、言葉を交わす際のおたがいの表情の一つ一つは書き切れないとしても、気持ちの変化や高まりは、例えば川上弘美さんの傑作『センセイの鞄』（文春文庫）によく見て取れます。

37歳の独身女性とその女性の高校時代の恩師だった70歳近い男やもめの恋愛物語ですが、場面設定の妙でしょうか、２人の気持ちの盛り上がりについこちらも感じ入るしだいです。


ディズニーランドにも、むろん行った。夜のパレードを見ながら、センセイは少し泣いた。わたしも泣いた。二人で、たぶん、べつべつのことを思いながら、泣いた。

「夜の光というものは、ものがなしいものですな」センセイは真っ白い大きなハンケチで鼻をかみながら、言った。

「センセイも泣くことがあるんですね」

「年寄りは涙腺がゆるいものと相場が決まってます」

「センセイ、好き」

センセイは答えなかった。じっとパレードを見ている。

（中略）

パレードの音楽がひときわ大きく響いて、小人たちが跳ねた。やがて行列は遠ざかっていった。わたしとセンセイは闇の中に残された。行列の最後尾のミッキーが、腰を振りながら、ゆっくりと歩いていった。わたしとセンセイは、闇の中で手をつないだ。それから、少しだけ身震いした。

賑やかで華やかなパレードの情景と会話と気持ちの微妙な変化。そしてたがいの共感。読み手もその共感を共にすることができます。勉強になりますね。

もう一例。吉行淳之介氏は夕方の情景をよく描写しています。『夕暮まで』（新潮文庫）でも主人公が、「光のない白い夕暮がくる直前の真赤な空」を立ち止まって眺める印象的な場面があります。

氏の描く夕暮れはトワイライト（薄明かり）か、それともサンセット（日没）なのかは、読者の判断におまかせというところでしょうが、『怖《おそ》ろしい場所』（新潮文庫）では眼下を走り過ぎてゆく国電という場面描写のあと、カオルという若い女性と主人公の中年男性羽山とのこんなやりとりがあります。


電車の中の人間たちは、一日の疲れをもって家庭へ帰ってゆく。連なった窓は黄色い光を放ち、その一つ一つの向うには、さまざまな生活が詰めこまれている。その行き着く先に、疲れを癒すもの、愉《たの》しいものがある、という気持に、カオルはなれない。

饐《す》えたような物悲しいものを、チラチラ過ぎてゆく光に感じた。いままで、その中に入って行きたい、と男を責めつづけていたことが、無意味におもわれた。

「いい話だな」

羽山は言い、

「しかし、生活とはそういうものだ」

「それは分っているけど」

「いや、きみの気持の動きは、よく分る」


中年期の吉行文学に特有な、ある種の晩年意識がうかがえます。

前方のビルに電光の文字が浮かび、ガード上を黄色い光を引いて電車が走り過ぎてゆく。一人、街角に立っていると、人恋しさも募ってくる時間です。

中年、いやもう少し年がいってからかな、横町、路地裏、その他いろいろ見たり聞いたり遊んだりの寄り道、回り道の人生をぼくも送ってきました。「しかし、生活とはそういうものだ」という言葉、情景と見事に溶け合っていますよね。

もう一作、桜木紫乃さんの短編「星を見ていた」を紹介させてください。直木賞を受賞した短編連作『ホテルローヤル』（集英社文庫）の一作ですが、とりわけこの作品はぐっときます。泣かされます。

ラブホテルの清掃係の女性ミコが主人公ですが、人のいい漁師正太郎と所帯を持ち3人の子どもがいます。でも3人とも、中学を卒業して家を出たまま。60になる彼女は月10万円弱で朝から夜中まで働きづめです。

そんなある日の帰り道、ふと仰いだ空に星がまたたいている。どこかでゆっくりと休みたい――。そして林の中へ。じっと空を見る。

どのくらい時間がたったか。自分の名前を呼ぶ夫正太郎の声がする。彼女は星に向かって叫ぶ。「お父ちゃん――」

このあとの2人の会話がいいんです。

「ミコ、あんなところでお前、なにしてた」

静かな問いだった。

「星――」

「星がどうかしたか」

「星をみてた――」

正太郎は「そうか」と言って再び歩き始めた。

夫に背負われ、坂を下っていくミコはひと揺れごとに眠りに吸い込まれてゆくのですが、「星を見ていた」をタイトルに①情景　②語らい　③共感――を描き切った佳作です。

この回、かなり長めなのですが、もう一作、といって映画ですが、『東京物語』のラストシーンの会話を書き加えておきたいと思います。

妻に先立たれた夫周吉の寂寥感がひときわ深まる場面です。尾道の自宅の縁先で独り座って海を眺めている周吉に隣家の細君が声をかけます。
以下、『小津安二郎作品集Ⅳ』(立風書房)によります。

「ほんとに急なこってしたなァ……」
「いやァ……気のきかん奴でしたが、こんなことなら、生きとるうちにもっと優しうしといてやりゃよかったと思いますよ……」

そして、次の一言です。情景を受けてこれほどかなったつぶやきがあったでしょうか。

「――一人になると急に日が永うなりますわい……」

6―読み手が笑いながらうなずいている。そんな文章、書いてみませんか。
❶たとえ／❷まじめな冗談／❸なるほどの共有化

「論文だってウケたいですよ」とおっしゃる大学の先生がけっこういます。ウケるにはどんな文章を書けばいいのか。ご参考に。

たとえには遊び心を

人間、見たり、聞いたりしたものに対しては、それなりに感じるところがあるものです。その感じをどう伝えればわかりやすいか。例えば――のような、と比喩で伝える表現法は一般的です。

「まるで――のようだ」といった直喩（シミリー）と「――のようだ」を使わず、たとえるものとたとえられるものをストレートに結びつける隠喩（メタファー）がよく用いられる表現法です。文例で説明しますと「白魚のような指」「動かざること山のごとし」が直喩、「沈黙は金、雄弁は銀」「月の眉」が隠喩です。

言葉を巧みに使って上手に言い表すことを修辞とかレトリックと言っていますが、遊び心が感じられる表現だと一層興味を覚えます。そこで問題です。

問題

「平和」という言葉ですが、手元の辞書には「戦争や社会的混乱などがなく、社会の秩序がなごやかでおだやかに保たれていること」とあります。これをもっとくだけた、例えば「陽だまりでうたた寝している猫の親子」といった感じで表現してみてください。そう、遊び心を加味しての表し方ですね。

早稲田大学大学院での授業でも同じ問題を出してみました。学生たちから返ってきたペーパーにはこんなことが書かれていました。


「実家に帰ったら父と母の口論が聞こえてきた」

「洗濯物を干す母の後ろ姿」

「元気？　ってメールで元気をもらった気になったとき」

「夕方のニュースの最後が動物ネタだったとき」

「母親が絵文字付きのメールを送ってきたとき」

……


ぼくも考えてみました。

・理髪店の椅子なのに、口を大きくあけているお客さん
・どなたかの一句「同窓会逃がした魚太かった」の世界
・本日は「鳥ガラもよく」で始まった結婚式の披露宴

ちょっと遊びすぎたかもしれません。でも「原子力の平和利用」とか、「積極的平和主義」といった言葉の「平和」は同じ「平和」でも、何か二面性を備えているかのようで気になりますよね。

前者は1953年、当時のアイゼンハワー米大統領が国連で「Atoms for Peace（平和のための原子力）」なる演説を行い、その4年後に国際原子力機関（IAEA）が国連の保護のもと設立され、核を保有するアメリカの意向どおり核拡散の防止を狙いとする一方で、「原子力の平和利用」も推進されることになったのですね。

後者の「積極的平和主義」は安倍晋三首相が集団的自衛権の行使を意図して安保法制を推進して以降、政権与党で多用されている言葉です。

ぼくにはどちらも怪しい平和だなあと思えますが、学生たちが答えてくれた平和のたとえにはそれなりにうなずけます。

と書いて、いまは亡き忌野清志郎さんを思い出しました。彼は比喩の名手でした。ステージで呼びかける彼の声がよみがえってきます。

「みんないいか。ロックの基本は愛と平和なんだ。今日はアースデーだ、イェー。一番の環境破壊は戦争だ」

メタファーがビンビン効いていました。「雨上がりの夜空に」にあるこの歌詞も彼らしいですね。

〽こんな夜に　おまえに乗れないなんて
こんな夜に　発車できないなんて

ステージ上のこんな言葉も忘れられません。

「日本の憲法は戦争をしないんだ。イェー。愛と平和なんだ。イェー。ジョン・レノンの歌みたいじゃないか。イェー」

これらの直喩、隠喩に代表される修辞法は、たとえに誇張があってもそこがまたいいわけです。

同じことを言い換える表現などにも、ぼくは感じ入ることがあります。歌手の加藤登紀子さんが、男と女の違いを毎日新聞のインタビューでこう話していました。

ご飯を作って食べる、あるいは洗濯して、また汚しては洗濯するといったプラスマイナスゼロの営みが女性の強みになっている。一方、男は進歩したり、増やしたりすることに価値を置いてきたせいで、定年で白紙に戻されると弱い。

対比的に、かつ叙述的に論じるこういうたとえ方、なるほど、ですよね。

さて、比喩といえばこの作家、そう村上春樹氏をおいては語れないでしょう。氏自ら比喩をこう定義しています。

比喩というのはごく簡単に言ってしまえば、「他者への付託を通して行われるイメージの共有化」なのです。

（『若い読者のための短編小説案内』文春文庫）

ここでみなさんに考えてもらいましょう。問題です。

問題

次の文章は村上氏の小説『色彩を持たない多崎つくると、彼の巡礼の年』（文藝春秋）から引いたものです。空白になっている部分を埋めてください。漢字、平仮名、片仮名を問わず○は1字、○○なら2字、○○○なら3字です。

・そのときなら生死を隔てる敷居をまたぐのは、○○をひとつ呑《の》むより簡単なことだったのに。

・「でもそのときの僕らには、それがすごく大事なことに思えたんだ。（略）風の中で○○○の火を消さないみたいに」

・「ありがとう」と彼女は言って、それからページの端に小さな書体で○○を添えるみたいに、「またそのうちに、あなたと会える機会があるかもしれないけど」と付け加えた。

・ボーイはにっこりして、賢い◯のようにそっと部屋を出て行った。

・花屋はまだ店を開けており、そこには色とりどりの夏の花が並んでいた。◯というものを忘れてしまったかのように。

答えは「生卵」「マッチ」「脚注」「猫」「夜」です。

次の文章も同書からの引用です。


人の心と人の心は調和だけで結びついているのではない。それはむしろ傷と傷によって深く結びついているのだ。痛みと痛みによって、脆さと脆さによって繋がっているのだ。

日頃の比喩トレで文章力を底上げ

この文章には幾つもの修辞法が活用されています。反復、羅列、対句はすぐわかりますね。加えて「人の心」と「人の心は」とか、「傷と傷によって」などにみられる頭韻のレトリックも用いられています。愛読者にはたまらない魅力でしょうね。

ぼくはこうも思ってみるのです。もしあなたが、このたとえ、よくわかるなあ、と感心する文章に出会ったのなら、それはあなた自身にも同質の感覚があるということだ、と。

そこは信じていいと思います。

あとは訓練です。自分の中から、そのたとえにふさわしい言葉を引き出す。それにはやはり比喩のトレーニング、比喩トレでしょうね。

方法の一つに、体験したことをナゾナゾにするというやり方があります。例えばぼくはこんな体験をしました。

朝方、近くの公園を散歩中、前方にそびえる1本のケヤキに目がいきました。季節は冬なのに葉をいっぱいつけて風にそよいでいる。すぐ近くのケヤキは一枚の葉もなく、竹ぼうきを逆さにしたように裸木のまま直立しているというのに——。

なぜ、と近寄ってみると、葉に見えたのは雀の群れでした。見事な造形に思わず声を上げました。そのせいで一斉に飛び去った雀たちは、風に飛ばされる枯れ葉同然に見えたばかりか、あたり一帯に木の葉の雨となって降りそそぎ、それがまた格別の風趣をもたらしています。

そのとき、条件反射のように村上春樹氏の『1Q84』（新潮文庫）にある一文が頭をかすめました。「雀《すずめ》の群れが不揃《ふぞろ》いに電線にとまり、音符を書き換えるみたいにその位置を絶えず変化させていた」という文章で、実はこの文章を「音符を書き換えるみたいにその位置を絶えず変化させているものなーんだ——電線の雀」というナゾナゾ遊びをしたことがあったので、すぐにこんなナゾナゾが浮かんできました。

「風に吹かれて飛び去る枯れ葉のように見えたもの、なーんだ——枯れ木にとまっていた雀」

印象深い体験でナゾナゾにできるものはナゾナゾにして記憶にとどめる。あるいは上手だなあと思うたとえをひっくり返してナゾナゾにする。比喩トレですね。

比喩の話をもう少し続けます。

擬人法というのは人でないものを人にたとえる表現法です。一般には「秋風がささやく」とか「花が笑う」といった文例がよく挙げられます。近年では「今日はケータイが無口だ」とか、「PCが暴走する」といったたとえをネットで見た記憶があります。

北杜夫氏の『孫ニモ負ケズ』(新潮文庫)は随分昔に読んだ本ですが、4歳の孫が「川のように泣いちゃった」と言ったのを聞いて、「才能があるのではないかと私は思った」と氏自らのジジバカぶりを書いたくだりがあります。確かに4歳の子が「川のように——」などと言うのを聞けば、ちょっとびっくりですよね。

そうそう、学生たちには「人間の感情、行い、態度を色で表現する」という宿題も出したことがあります。別の本でも紹介していますが、いい例文がたくさんありますから、ここでも取り上げておきます。

「すすけた灰色のせきをした」

「紫色のナスのように腫れた指」

「彼女を目の前にすると白を黒と言ってしまう。頭の中では白黒はっきりしているのに、僕はそう言う。彼女への思いは白、口から出る言葉は黒。でも、彼女の僕に対する気持ちはグレー。だから僕は彼女に黒しか言えない。黒はすべての色を黒にする。そういう色だ。結局、彼女の気持ちは分からない。いや、分かるのがこわいのだ」

「ひまわりのような笑顔をした彼女が階段を下りてきた。靴音までもが黄金色に輝いていた」

「あいつは最近彼女ができたばかりで常に脳内ピンクのお花畑状態だ」

いかがですか。

「善悪」「正邪」……二分法のつまらなさ

以下、①の「たとえ」に続く②の「まじめな冗談」に入ります。

常々ぼくは善悪とか正邪の二分法ほどつまらない見方はないと思って、そういう作文の筆者にはよくこんなことを言います。ウソをつく善人、正直な悪人だって少なからず、いや、たくさんいるはずだよね、と。

　スポーツマンはさわやかだとか、子どもは正直だと書いたところで、多くの人は何の関心も示さないと思います。そこにあるのはありふれた社会通念でしかありませんし、あまりにも一般論でありすぎるからです。

　ここでもう一度、第1章で紹介した丸谷才一氏の言葉を思い出してください。氏は小説家の随筆に学ぶように、と言って、その特徴の一つに冗談を挙げていました。

　氏によると、エッセイのはじまりはフランスだそうです。思想家モンテーニュが人柄そのままにざっくばらんで率直、恰好をつけずに書いたところから広がったというのです。

　ま、冗談によっては自分勝手なことを言って、と反発する向きもあるかもしれませんが、例えばこういう話ならどうですか。

　歌舞伎役者の坂田藤十郎さんは51歳年下の祇園の舞妓さんとの密会をスッパ抜かれたとき、押しかけた取材陣に笑顔でこう言いました。

「いやあ、私も若い人と同じように、まだまだ元気だなあと思ってね。いや、うれしかった。本当にね、このぐらいの年になると、そういうことで取り上げてくれないじゃないですか」

加えて、こうも言っていました。

「一生青春。世の男性方にね、頑張ってもらいたいと思いますね。アッハッハー」

ついでながら藤十郎さんはその昔、夫人の扇千景さんをどう口説いたのでしょうか。

「ずいぶん、彼女いるんじゃありません？」

そう言ってうかがうように目を向ける扇さんに藤十郎さん、すかさずこう答えたそうです。

「いろいろ見て、お前を選んだ」

物も言いようですが、「まじめな冗談」ではこういう物言い、大切なんです。新聞の投稿に次のようなものがありました。

中学生のとき、朝、遅刻して担任の先生に「なぜ、遅れた」と叱られ、とっさに言ったそうです。

「向かい風やったんです」

先生はきっと叱るのをやめ、苦笑したことでしょう。

高校野球でこんなエピソードも伝わっています。

1984年夏の甲子園の決勝戦、茨城の取手二高の対戦相手は桑田、清原らのいる大阪のPL学園です。試合は取手二高がリードしていましたが、9回裏で4対4の同点に追いつかれ延長戦へ。

ベンチに戻ってきた選手たちに木内幸男監督はこう言ったそうです。

「よかったなあ、お前ら。まだ甲子園で野球ができるぞ」

結果は取手二高が10回表で4点を取って初優勝を果たしました。

物の見方ということでは『ラルース世界ことわざ名言辞典』（角川書店）が、「まじめな冗談」の参考になると思われます。

「涙にもそれなりの快感がある」

「崇高と滑稽《こっけい》との間および滑稽と崇高との間は、1歩の違いである」

「怠け者はいつも何かしたがっている」

「男と女は結婚したら一体となるしかないが、まずやっかいなのは、どちらの一体になるかである」

どうですか。二分法ではとてもおしはかれない人情や人生の機微が描き出されていますよね。これらのことわざ、綾小路きみまろさんの川柳ふうのギャグとも相通じる感、ありです。例えば──

「家族のため会社のため、手となり足となりクビになり」

「上りつめてもいないのに、もう下り坂」

…………

警句？　いや、冗句ですよね。

人間観は人それぞれです。性善説もあれば性悪説もあります。ぼくは性弱説が好きです。

そして近頃、よくこんなことを思います。

いまを生きる女の強さ／昔を生きる男の弱さ

いずれにしても通りいっぺんの見方はやめて、あなたならではの視点と遊び心、そして座布団一枚と声がかかりそうなたとえで読み手の心をつかんでほしいと思います。

「孤独」と書いても孤独は伝わらない

③の「なるほどの共有化」は、以上いろいろ書いた①たとえ ②まじめな冗談――を受けてのものですから、①②の出来にかかっていますが、とりあえず強調しておきたいのは文章にイメージをもたらす力があるかないかという点です。

説明に力を入れた文章があります。しかし頭は動いても心には何も描き出せません。孤独と書かれてもどう孤独なのか、この言葉の語釈以上の理解はできません。虚しいと書かれてもそれだけでは辞書にある「意義や中身がなく、満足を感じられない」といったことをぼんやり思い浮かべるぐらいです。村上春樹氏の虚しさのたとえはこうです。

「大学でスペイン語を教えています。」と彼は言った。「砂漠に水を撒くような仕事です。」

氏の『1973年のピンボール』（講談社文庫）に出てくる比喩ですが、これだと言わんとすることがイメージを伴ってよく伝わってきます。

その村上氏が「こんな描写がある」と『若い読者のための短編小説案内』（文春文庫）で

紹介しているのは、安岡章太郎氏の短編小説『ガラスの靴』に出てくるこのたとえです。

雑沓《ざっとう》の中にナマナマしくさらされた食い物を見ると、僕はソースをかけた靴を皿に入れて目の前におかれたように、まごついた。

どう書けば伝わるか。情景を提示したり、たとえを駆使したり、あるいはみんなが知っている物語や小話《こばなし》を用いたり、手は数限りなくあると思います。ここでは再確認するために村上氏の比喩の定義をもう一度、書き留めておきましょう。

「他者への付託を通して行われるイメージの共有化」

特別編 文章力アップのちょっとした秘訣―その❷

感情表現法

村上春樹氏がデビュー作『風の歌を聴け』の出だしを英語に書き直してから書いたというのは、よく知られたエピソードです。英語を介して自分なりの文体を得たわけですが、氏は読者のメールに回答した『村上さんのところ』（新潮社）という本で小説にとっての「3つの要素」として情景描写、心理描写、会話を挙げ、スコット・フィッツジェラルドの『グレート・ギャツビー』が教科書になった、と答えています。

同書は村上氏の翻訳で中央公論新社から出版されていますが、ここでは心理描写、すなわち人の微妙な心の動きや意識の変化をどう描くかについて学生たちと考えた表現法を紹介しておきたいと思います。

心理は何よりも表情に表れるものです。ポイントは目（眉）と口（声）、それに顔全体ですね。

これらをそれぞれ肯定、否定で学生たちに書き分けてもらったのですが、目立った表現は次のとおりでした。

〈目（眉）〉
肯定＝目が輝いていた／目が光っていた／目を大きく見開いた……
否定＝険しい目つきをした／眉をひそめた／目から光が失せた……
〈口（声）〉
肯定＝口元をほころばせた／弾んだ声／穏やかな口調……
否定＝口をとがらせた／不快そうな声／問いただす口調……
〈顔全体〉
肯定＝顔をほころばせた／満足そうに笑った／表情を緩めた……
否定＝表情がこわばった／硬い表情／見る見る笑みが消えた……

このようにさまざまに言い表せるのですが、感情表現は次の対立語を加味すれば、さらに豊かになります。

形状・性質＝強弱／大小／長短／増減／虚実／苦楽／深浅……
色合い＝明暗／濃淡／紅白／清濁……
精神状態＝緊張・緩和／快・不快／鋭・鈍／平穏・不穏……

例えば「こちらの話に目の輝きはますます増していった」「明るく輝いていた目は、しだいに暗くなった」など、表情の変化はこれらの対立語で対応できます。
もちろん表情は肯定、否定だけではありません。プラスでもマイナスでもなく、区別のつきにくいその中間の表情もあります。文例を挙げてみましょう。

　マキの顔に、微妙な色が浮んですぐ消えたのを、見逃さなかった。それは、苦痛、困惑、怒り、悔恨……、沢山のものが入り混っているように見えたが、確かなところは分らない。

（吉行淳之介『暗室』講談社文芸文庫）

女は瞼《まぶた》を落して黙った。島村はこうなればもう男の厚かましさをさらけ出しているだけなのに、それを物分りよくうなずく習わしが女の身にしみているのだろう。その伏目《ふしめ》は濃い睫毛《まつげ》のせいか、ほうっと温かく艶《なま》めくと島村が眺《なが》めているうちに、女の顔はほんの少し左右に揺れて、また薄赤らんだ。

（川端康成『雪国』）

人間の表情だけで分厚い感情表現辞典が出版されているほどですが、そういう辞典を見てもあまり参考にならないのは感動表現です。学生たちにも書いてもらいましたが、1人を除いてあとは平凡でした。その1人の描いた感動は全身で表されていました。こうです。

「全身が胸になったようで、目で語り、口で見つめているような気持ちになって、頭のありかを忘れていた」

巧拙はともかく、心の動きの最も大きな感動を全身でとらえようとした点、いいなあと思いました。

第3章 どう構成するか

1──何があったのか。そこから書き始めてください。

❶現在／❷過去／❸未来

独自の内容もあり、表現力もある。そんなあなたにあと必要なのは、文章を組み立てる力です。こんな手法がありますよ。

読まれる文章は核心から書いてある

俳句の入門書などに夏目漱石のこの句がよく紹介されています。

永き日や欠伸《あくび》うつして別れ行く

昼が長く感じられる春の一日、訪ねてきた友人らと長く語らったあと、おたがい欠伸をしながら別れたという句です。

ここに描かれているのは、そうなった状態、言ってみれば結果ですが、時制上は現在です。この句を仮に帰り際の欠伸が出るまでの経過から詠めば、おそらく報告調の、それこそ欠伸まじりの冗長な句になることでしょう。

話というのは、いま現在の状況、状態のありさまから入ってこそ興味を引くのです。それが物事の核心だからですね。ですが、みんなの話を聞いていると、核心を後回しにしている人がけっこう多いようです。

井上ひさしさんが文章の本で川端康成氏の『雪国』の書き出し「国境の長いトンネルを抜

けると雪国であった」が、「汽車はトンネルに入った」なら抜け出すのが大変で、「やっと国境を抜けると、雪が降っていた」では文学史に残りません、とおっしゃっていました。ちょっと横道に入りますが、『雪国』は別々の題の短編を一編の小説にまとめたものです。当初の作品は『夕景色の鏡』と題して発表され、次のように書き始められていました。

濡れた髪を指でさわった。——その触感をなによりも覚えている、その一つだけがなまなましく思い出されると、島村は女に告げたくて、汽車に乗った旅であった。

ここには長いトンネルを抜けて一瞬にして広がる雪国への驚きはなく、官能的ではあっても、その世界に引き込む展開ではありません。書き出しでいかに読み手の心をつかむか、その大切さを改めて感じますね。

核心から切り出すと、あとの話に興味を示されないのでは、という考え方もあろうかとは思いますが、核心を後回しにするとなると相当な文章力が必要でしょう。

情報の伝達を第一としている新聞がニュースの核心部分を見出しにして本文に入るスタイルを取っているのも、やはり読者の知りたい！　にはイの一番に応えなければ、と考えてのことです。

キャップと呼ばれていた記者時代、若い記者の集まりで記事の書き方について話したことがあります。その際に強調したのも文章はいま現在の状況、状態から書き始め、続いてその事態をもたらした素地、背景に言及する。言ってみれば現在のバックグラウンドとなる過去ですね。

さらに推察しか書けなくても、この事態がこれからどうなるかの未来にふれる。要は①現在　②過去　③未来――の流れに即した文章を組み立てるということで、この①②③の内容が備わってこそより伝わる情報たり得るのです。

当然のことながら新聞の記事と一般の作文は違います。記事は自分の思いとは無関係に自分の外側に事実を描き出すのに比べ、作文は主として外側の事柄を内側に取り込んで自分の思いや考えを綴るものです。

この違いは大きいのですが、作文においてもテーマに即して現在―過去―未来という時間的な流れを踏まえれば、より伝わる内容になるのは確かです。

夜遅くに起きた事件や出来事を伝えるのに、朝目覚めたときからの話をされても聞いている人はいらいらを募らせるばかりではないでしょうか。

いや何も事件や出来事に限りません。人の生き方や夢、希望などを語っても現在―過去―未来の順を踏まえれば、聞き手の理解はうんと深まることでしょう。

心をつかんだスピーチも現在―過去―未来

歌手をはじめステージに立つ人のトークの巧みさは、みなさんもご存知のことと思います。ロック歌手の矢沢永吉さんはなかんずくおしゃべりが達者な方で、多くの金言を残しています。この言葉なども ちゃんと現在―過去―未来を踏まえています。

> 金も入った、名誉も手にした。だけど、さみしさは残った。おかしいじゃないか。オレは思った。(中略) そう思ってふと見ると、幸せってレールは隣にあった。オレはそのレールに乗っていなかった。それから矢沢の幸せ探しが始まった。
>
> (『アー・ユー・ハッピー?』角川文庫)

現在の状況、状態をまずとらえ、その背景、素地となる過去の事情に気づき、幸せ探しという未来に思いをはせています。

がらりと変えて芥川賞（平成26年度上半期）受賞者、柴崎友香《ともか》さんの贈呈式での言葉です。

「今をしっかり書くからこそ、未来や時間のことを考えることができるのだと思う」

そして、こう抱負を語っています。

「謎に満ちた現実に向かって自分が何を書いていけるのか。これからも手探りをしながら進んでいきたい」

柴崎さんの受賞作『春の庭』（文藝春秋）は、一軒の家の庭をとらえた作中の写真集のタイトルでもあります。住まいと住人の関係や、街、町、路地といったものをカメラのように写し取りつつ、現在を生きる人間の姿や記憶に収まる過去、そして見つめる未来が時の流れと一緒に描き出されています。

ぼくはメモ魔です。メモの重要性はすでにふれておりますが、本書の各章の①②③メモは自らも実践しています。

この章で書いていることもメモをもとに改めて文章にした箇所が多々あります。そうそう、こんなメモもありました。

「2013年12月27日。みんな今日まで生きてきました。みんな今日も生きています。みんな明日も生きていきます」

44年ぶりにオリジナルメンバーで再結成されたザ・タイガースの最終公演「ザ・タイガース　2013　LIVE　in　東京ドーム」がNHKのBSプレミアムで放送されたのを見つつ、ジュリーこと沢田研二さんが「蛍の光」をバックに客席に投げかけた言葉を書き留めたものです。

そのときはぼく自身も一ファンとしてザ・タイガースと同じ歳月を共にしてきた感がありました。

〽花咲く娘たちは……（「花の首飾り」）

〽雨がしとしと日曜日……（「モナリザの微笑」）

かつてのヒット曲の歌詞が耳に流れ込んでくる。ジュリーはすっかり丸い体形になり、長髪だったサリーこと岸部一徳さんの頭髪もめっきり薄くなっていて、いまと昔を行ったり来たりしていました。そして思わずメモしたのが先のジュリーの言葉です。

その日の日付とともにいま在る無事を感謝したあとは、過去を振り返り、未来を見つめる。素晴らしいメッセージですね。

さて問題です。

問題

次の文章は女子陸上のパラリンピック選手、佐藤真海《まみ》さんが2020年東京オリンピック・パラリンピック招致委員会のプレゼンターとしてIOC総会の最終プレゼンで行ったスピーチの全文（日本語訳）です。
①現在 ②過去 ③未来——の流れでとらえた上で①②③のキーワード、もしくは印象に残るフレーズを挙げてください。

会長、そしてIOC委員の皆様。佐藤真海です。

私がここにいるのは、スポーツによって救われたからです。スポーツは私に人生で大切な価値を教えてくれました。それは、2020年東京大会が世界に広めようと決意している価値です。本日は、そのグローバルなビジョンについてご説明いたします。

19歳のときに私の人生は一変しました。私は陸上選手で、水泳もしていました。また、チアリーダーでもありました。そして、初めて足首に痛みを感じてから、たった数週間のうちに骨肉腫により足を失ってしまいました。もちろん、それは過酷なことで、絶望の淵に沈みました。

でもそれは大学に戻り、陸上に取り組むまでのことでした。私は目標を決め、それを越えることに喜びを感じ、新しい自信が生まれました。

そして何より、私にとって大切なのは、私が持っているものであって、私が失ったものではないということを学びました。

私はアテネと北京のパラリンピック大会に出場しました。スポーツの力に感動させられた私は、恵まれていると感じました。2012年ロンドン大会も楽しみにしていました。

しかし、2011年3月11日、津波が私の故郷の町を襲いました。6日もの間、私は自分の家族がまだ無事でいるかどうかわかりませんでした。そして家族を見つけ出したとき、自分の個人的な幸せなど、国民の深い悲しみとは比べものにもなりませんでした。

私はいろいろな学校からメッセージを集めて故郷に持ち帰り、私自身の経験を人々に話しました。食糧も持って行きました。ほかのアスリートたちも同じことをしました。私達は一緒になってスポーツ活動を準備して、自信を取り戻すお手伝いをしました。

そのとき初めて、私はスポーツの真の力を目の当たりにしたのです。新たな夢と笑顔を育む力。希望をもたらす力。人々を結びつける力。200人を超えるアスリートたちが、日本そして世界から、被災地におよそ1000回も足を運びながら、5万人以上の子どもたちをインスパイアしています。

私達が目にしたものは、かつて日本では見られなかったオリンピックの価値が及ぼす力です。そして、日本が目の当たりにしたのは、これらの貴重な価値、卓越、友情、尊敬が、言葉以上の大きな力をもつということです。

①現在……

②過去……

③未来……

冒頭の「会長、……」と呼びかけ、「佐藤真海」と名乗って「私がここにいるのは」と切り出してから「本日は……」とビジョン説明に入るまでが①現在です。②の過去は「19歳のときに私の人生は一変しました」から「3・11」にふれ、さらに「私達は一緒になってスポーツ活動を準備して、自信を取り戻すお手伝いをしました」までです。

③の未来は「私達が目にしたものは」から「言葉以上の大きな力をもつということです」で結ぶまでですが、その前の「そのとき初めて、私はスポーツの真の力を目の当たりにしたのです」から「5万人以上の子どもたちをインスパイアしています」の一節は、過去のうちに未来を包み込んでいますから、②の過去、③の未来のいずれに入れてもいいでしょう。

スピーチは現在と未来をつなぐ過去が長く、①②③がほどよく分割されているわけではありません。エピソードや経過的な説明が入る過去は、スピーチ、文章を問わず長くなるものです。

でもこのスピーチ、「私にとって大切なのは、私が持っているものであって、私が失ったものではないということを学びました」などの印象深いフレーズが奏功してIOC委員の心をつかんだのでは、と思われます。

①の現在では最初のフレーズ「私がここにいるのは、スポーツによって救われたからです」がいいですね。とりわけ「救われた」という言葉は委員が聞き入る一言になったことでしょう。

③では「貴重な価値、卓越、友情、尊敬」といった言葉の選択の的確さに感心しました。IOC委員の気持ちは、そうです、そうですとも、と佐藤さんのところに駆け寄っていたのではないでしょうか。

起・承・転・結とも重なる便利な構成法

ところで、文章の構成（組み立て）でよく言われるのは起・承・転・結の4句から成る形式です。起句で文章を起こし、承句で承《う》けて話を広げ、さらに転句で内容に変化を加え、結句でまとめる組み立て方で、漢詩から生まれたものです。

ただ起句と承句は起承と1つにして考えてもいいとぼくは思っています。そうすると文章の形式は①起・承　②転　③結――となりますから、①現在　②過去　③未来――と同じ3つの文章構成となるわけです。かつ、起承と現在、転と過去、結と未来は書き方、内容によっては微妙に重なります。

次の例文をお読みください。本書用に起・承・転・結を意識してぼくが書いた短いエッセイです。

起＝速達を出しに近くの郵便局に行くと、「年賀はがき」と染め抜いたのぼり旗が目にとまった。風にひるがえってはたはたと音を立てている。それにしても、もう年賀状……。ついこのあいだ書いたような気がするのにはや1年になるのか。ため息が出た。

承＝年齢とともに新しい情報にさして関心が湧かなくなってきたとあって、蓄積される情報量はいたって少ない。そのせいで一年が早いんだとはよく聞くが、加えて近年は、季節の変化が一年を早めているようにも思える。

転＝暑さ寒さも彼岸までといっても、彼岸が過ぎても暑いし、寒い。四季の秋と春は夏と冬にそれぞれ侵入されて縮まり、もはや二季の印象だ。

「サンダルを脱ぐとブーツになるんですよ」

そう言って苦笑する女性がいたが、なるほどその言葉のとおり街を彩る秋色は薄《うっす》ら化粧した程度でしかない。

結＝郵便局を出ると、折からの強い風にあおられて、前にとめてある自転車が折り重なって倒れていった。連続するその音は、すぐ隣の冬の物音のように聞こえた。

おわかりのとおり、起と承は現在中心の描写と心境で、転は内容的に過去的です。そして結は冬がすぐ隣にいるという実感を表していますから近未来と言えます。

もちろん構成は書く内容に左右されます。未来への思いを強く打ち出して書き出す文章もあれば、「ひと昔前のことになるが」などと過去から入る文章もあるでしょう。そこは内容に応じて考えればいいのですが、①現在　②過去　③未来――は起・承・転・結の文章法と重なり合う点でも使い勝手がいいように思われます。大いに活用してください。

2―頭でわかっても心は別です。
❶理解／❷納得／❸自己表現

書くべきことがどれだけわかっているか。ぼんやりとわかっている程度では先へ進めません。自分の考えをちゃんと言葉にしたいなら、この回をじっくり読んでください。

納得できない物事には深い思索を

理解と納得。言葉の意味はよく似た感じがしますが、ぼくはかなり違うと思っています。物事の意味や内容がわかるというのが理解なら、納得はその上で、自分もそう思う、とはっきりと受け入れたということでしょう。

やはり違うんですね。ですから理解でき、納得できる場合もあれば、理解できても、納得できないこともあるということなんです。

人間、「知」とかかわる頭ではわかっていても、「情」の心ではうなずいていないことがよくあります。例えば、東日本大震災が起きて以来、原発の再稼働が社会問題になってていますが、こういう声をよく耳にします。

経済発展やエネルギー事情を考えると、原発は重要なベースロード電源だとわからないでもない。つまりその程度のことは理解できる。でも、放射性廃棄物の処理や日本がさても危うい地震列島であること、さらには福島第一原発の事故で放射能汚染が広がり、いまもってふるさとに帰れない人のことや原発から出る膨大な核のゴミは百万年消えないと言われていることなどを思うと、とても再稼働は受け入れられない、つまり得心がいかないわけで、明らかに頭と心は違う反応をするんですね。

頭の理解、心の納得。実は作文はこのことと大きくかかわっています。そしてこういうことが言えるかと思います。

頭の理解に心が反発して納得していない。そこでなぜ納得できないかにとことんこだわる。そうして自分の考えをまとめたものは思索をめぐらしただけ深く、読みごたえがあって面白いと。
これも論より作品で話を進めましょう。

五輪より一輪の花　被災地へ

福島県本宮市の元県職員、伊東功さんが脱原発の思いを込めて自費出版した川柳の句集『福島からの風』に収める274句の中の1句です。
ぼくにはこの作品は、この回のテーマの①理解　②納得　③自己表現――の③そのものだと思われました。
伊東さんは句集冒頭の「ごあいさつ」で、こう書いています。

福島県は、首都圏に電力を供給してきましたが、五輪招致では、「福島から遠く離れて安全」と言われました。送電ロスがあるにもかかわらず、なぜ遠い福島県に電力供給を頼ったのでしょうか。

それでも、県民の多くは東京五輪の成功を祈るという、人の良さがあります。人が良いのは悪いことではありませんが、五輪が開催される将来においてもなおかつ「ふるさと」に戻れない県民がいることを考えれば、諸手を挙げて歓迎とはいきません。

ここでの思いには、東京五輪への理解と納得の両面が表れているわけですが、信条的にも心情的にも伊東さんご自身は東京五輪をすっきりと受け入れているわけではない、と読み取れます。

あと、ぼくが伊東さんの胸中を察して若干の解説を加えさせてもらいます。

「五輪」と「一輪の花」。ややもすれば単なる言葉遊びになるところなのですが、そうなっていないのは、五輪と一輪の対比に込めた思いの強さにあります。

人知れず咲く一輪の花の生命力。人間の肉体のふるさとが土であるのと同様、草花も土とともにあります。

五輪のみならず、人と土と花が表す平和は、福島の地ではどうなっているのか。句からはそんな思いがストレートに伝わってくるのです。

句集の次の一句も心にふれてきます。

校内放送　送り手一人聴き手なし

比較的放射線量の高い福島市大波地区の大波小学校でのことだそうで、ここに詠まれた1人の児童（当時6年生）もすでに卒業して小学校は休校中ということでした。この句を作ったいきさつをうかがうと、伊東さんは「あたりに響くその子の声が、地元に残って農作業をしている人たちの励みになっていたんですよ」と話していました。

「時」の語源は「解く」と同じではないかという国語学者の説があります。悩みを解消する。緊張を解く。すべて時の流れとともに解かれるわけです。

でも、原発事故に遭った福島をはじめ東日本大震災の被災地の人たちは、いまもって穏やかな時の流れとは無縁なのではないでしょうか。

時間には自分の内側で感じる心理的時間と、1日を24時間とする物理的時間があります。20世紀のフランスの代表的哲学者、ベルグソンの「時間論」は前者に立っていますが、そういう時間感覚で物事を考えていると、日本には3つの時計があるように思えてなりません。

1つは東日本大震災の被災地の時計です。流れている時間はいまも遅れ気味です。伊東さんの句には、遅れているというより時間が止まったままと感じている福島の人たちの苛立ちも反映されていることでしょう。

2つ目の時計は東京の時計です。最新情報に即してただでさえ前のめりに時を告げているのに、東京五輪が決まって以降「あと〇日」の声とともに時間はさらに速まっていくことでしょう。

3つ目は東京とは別に時間を刻んでいる地方の時計です。いずれ東京時間にけしかけられ、スピードばかりか、アラームのボリュームも高まっていくことでしょう。

そのうち日本全体、「経済成長なくして五輪成功はなし」の掛け声にあおられ、各地の原発だって再稼働へと進むのでは、と心配です。

と書くうちに、伊東さんの詠む一輪の花への思いがより深く感じられるようになりました。

花を咲かせるというのは生へのたゆまぬ営みがあってのものです。時にひっそりと野に咲く一輪の花を見て、ほかのどんな花にもない生命力にふれることがあります。そのときの感覚には何か畏敬の念をいだく感さえあります。

誰にも邪魔されることのない、侵し難い生の営み。生きとし生きるものの生命力には、ついかしこまってしまいます。

そしてその生こそが、この世で一番有難い穏やかさなのだと気づかされます。穏やかさは平和です。その有難みはかけがえのないものです。

被災地の福島にあって、伊東さんはそんなすべての思いを一輪の花に託し、それもお祭り騒ぎと重なる東京五輪との対比で浮かび上がらせてみたかったのでしょう。

東京五輪——理解はできても、この福島の地の住人としてはどうも納得がいかない。五輪より急ぐべきことがあるのでは……。そんな思い、考えを得ての一句はまさに自己表現なんですね。

共感を呼ぶ文章には情がある

①理解　②納得　③自己表現——ということで、思い出す話があります。

大阪の後輩がお寺で祖父の50回忌法要があった日のことを話してくれました。

忌を執り仕切っていた住職が読経のあと、祖母に優しくこう語りかけたのだそうです。

「おじいちゃんを早くに亡くされたとはいえ、こんなに多くのお孫さんに囲まれて長生きされ、申し分のない人生ですね」

そして住職はひと呼吸おいて尋ねました。

「おばあちゃん、幸せですか」

住職は「はい」の答えが返ってくるのを受けて、法話に入る手はずだったのでしょう。でも、それは住職の頭での理解にすぎなかったのです。おばあちゃんも住職の言わんとすること、そしてこういう場で言うべきふさわしい言葉も頭ではちゃんと理解できていたと思われますが、頭の理解は頭の理解、心の奥の本心は別でした。

住職の「幸せですよね」と決めてかかったような物言いも受け入れられなかったのかもしれません。おばあちゃんは首をかしげながらこう答えたのです。

「四分六ですかな」

法事の場を想像すると、「シーン」という音が聞こえてくるような気がしますよね。

この話をしてくれた後輩はおばあちゃんの孫の一人です。やはりその場は一瞬にして緊張した空気に包まれたようです。住職は少々あわて気味に「四分六……」と二、三度つぶやいたあとはしどろもどろになり、法話も何か有難みに欠けました、と後輩は苦笑していました。

おばあちゃんの「四分六」発言については後輩の母、つまりおばあちゃんの娘などは表情を硬くして押し黙ったままだったのに比べ、孫たちは「四分六って幸せが四、不幸せが六ちゅうことやろか」「そやろ、幸せが六やったら、六、四ですかなって言うやろ」など、法事後もいろいろ感想を述べ合ったようです。でも、この「四分六」発言、孫らそれぞれにもはね返ってくる性格の事柄ゆえ、本人にただすことはしないと申し合わせ、十数年後におばあちゃんが亡くなるまで一切ふれなかったそうです。

ここで問題です。

問題

あなたがその場の住職だったらどんな言葉を返したか、考えてみてください。

これは「四分六」発言の心の内を理解した上で、おばあちゃんにどう納得してもらえるか。加えて、その場の雰囲気をどう読むか。住職に成り代わるだけでも大変なのに、難問ですよね。

自分の言葉で、というのが難しいなら、そうですね、例えば映画「男はつらいよ」で笠智衆さんが扮した柴又帝釈天の御前様ならどう言っただろう。あるいは渥美清さんの「寅さん」が住職なら、と考えるのもいいかと思います。第32作で住職の代わりに法事にのぞんで即興の法話でウケる役を演じていましたしね。

ぼくなりに考えた答えはこうです。

御前様「四分六。けっこう、けっこう。幸せが四でも六でも、それだけあればけっこう。尊いことだ、尊いことだ」

寅さん「四分六、おばあちゃん、粋なことを言うねえ。幸せが十もあってこの世に未練がなくなりゃ、あの世に行くしかないからね、けっこう毛だらけ、ちょうどいいのが四分六ときたもんだ」

知情意という言葉があります。知性と感情と意思を意味します。「人間の精神活動のおもとである三つの働き」と手元の辞書にはあります。

いずれにしてもぼくは、この知情意と今回の①理解　②納得　③自己表現——が重なるように感じています。

御前様、寅さんの口にしていることは一種の屁《へ》理屈だとしても、そこに情があれば、人は納得できるものです。共感を呼ぶ文章の大切さにはすでにふれました。①理解　②納得——のあとの③自己表現では、なるほどと思わせるのはもちろん、②の納得、すなわちもっともだと心からうなずける、そんな内容のものへと深めてほしいと思います。

3―多くの事実を得ないと、真実は描けません。

❶聞く／❷事実／❸真実

「聞き上手の話下手」と言いますが、ぼくがお会いした作家の多くは聞き上手でした。「聞き上手は書き上手」。いよいよ最終回。ぜひご一読ください。

聞いて知る。すべてはそこから

批評家、小林秀雄氏が作家の正宗白鳥氏と「大作家論」と題して語り合った際、こんなことを言っています。（『小林秀雄対話集』講談社文芸文庫）

事実に対する興味、これは人間どうしようもないものらしいですね。作りものではない、事実だというだけで、どうしようもない興味が湧いて来る。どうも事実というものには得態の知れない魅力がある。恐ろしいようなものですね。

そして氏は、戦後の無頼派文学の旗手として活躍した太宰治が女性と玉川上水で入水自殺した事件にふれ、こう続けています。

僕の家内なんか文学にはおよそ縁のない人間ですが、太宰事件にはたいへん興味を寄せる。やれ、すべった跡があったとか、なかったとか。（笑声）女房だけじゃないですよ。僕だってそうですよ、あの事件がなかったら、僕は太宰治の作品を読まなかったかも知れない。小説というものは、そういう人間の弱点に乗ずるものなんですな。

太宰は入水自殺する前年に没落しつつある旧華族の母子を描く『斜陽』を発表しています。これが「斜陽族」という流行語を生み出すなど何かと話題の作家でしたから、太宰事件はセンセーショナルに報じられたことでしょう。

一緒に入水した女性は？　から始まって、その動機、背景……と事件の本筋を追う記者もいれば、文学的事件の観点から取材する記者もいて、新聞各社の取材競争も大変だったのではないでしょうか。

ぼくは毎日新聞では京都支局を振り出しに大阪社会部で二十数年、その後、「サンデー毎日」の編集長として東京に移りましたが、大阪で取材した事件名は挙げていけば切りがありません。中でも１９７９年の1月、梅川昭美という男が大阪市住吉区の三菱銀行北畠支店に猟銃を持って押し入り、行員２人、警官２人を射殺してそのまま立てこもった事件は強烈でした。『破滅――梅川昭美の三十年』（幻冬舎アウトロー文庫）と題して同僚と本にしたほどです。

遊軍長として社会部全体を視野に入れて仕事をしていた１９８５年などは、前年からのグリコ・森永事件に加え、山口・一和会の大阪戦争（山一抗争）、純金詐術の豊田商事事件と続く中で、夏には関西のビジネスマンを多数乗せた日航ジャンボ機墜落事故、秋には阪神タイガースが21年ぶりに優勝し、体力、気力が問われる毎日でした。

ところで記者というと、「記」の印象で書くことが仕事の中心と思われるかもしれませんが、何を書くにも事実をおいては始まりません。聞いて知る。現場を走り回って事実をつかむ。このあとにくるのが「書く」ですから、書く前の①聞く（知る）②事実――を抜きに一行の記事も存在し得ないのです。

聞くべき相手は取材すべき内容によってそれぞれ異なるのですが、事件取材でぼくが好んで足を運んでいた刑事さんには共通点がありました。

出世コースから外れてはいるものの、みんなから一目置かれている。読書家で、釣り、登山など趣味人。そしてもう一点は、みんなこぞって人間の何たるかをよく知った人間通だったということです。

落とす。つまり犯人の口を割らすことですが、落としの名人と言われたベテラン刑事はよくこう言っていました。

「犯人は無理矢理追い詰めたらあかん。人間、誰かて言い分があるやろ。それを聞いてやる。逃がしてやるわけや。それが結局、落ちることにつながるんやな。大坂城かて落城したんは千姫を逃がしたからやろ」

千姫は徳川2代目将軍秀忠の長女です。大坂落城の際、姫を救出した坂崎出羽守の話はよく知られていますが、その落城の秘話と犯人を落とすことをひっかけて話す刑事さんですから、こちらは聞きあきるはずもありません。

「お前はホンマにアホやなあって一言、犯人の心にはけっこう染みるんや」

その一言にこんな説明もつきました。

「アホはバカと違って響きが柔らかいやろ。ぽうっとあったかい感じがある。人間の愚かさをやんわりとわからせるには、バカと叱るより、アホやなあがちょうどええねん。郷土史家やった牧村史陽の『大阪ことば事典』にアホは花曇り、バカは夏の光線と、うまいこと書いてるがな」

早速その事典を買ってきて、大阪弁の勉強と大阪弁あってのお笑い芸の世界へとのめり込んだのですが、それはともかく、この刑事さんの話にはいつも事実と真実が語られているような気がしたものです。

事実と真実はどう違うのか

その前にとりあえず事実と真実はどう違うのかですが、ぼくがいつも手元に置いてある大野晋、田中章夫編『角川必携国語辞典』(角川書店)を引いてみると「つかいわけ」と断ってこうあります。

「事実」は、理想的でもない、空想的でもない、時と場所を占めて、物理的にも心理的にも、実際に生じたこと・あること・経験したことをいう。つまり、ほんとうに起こったこと、あったこと。「事実をかくすことはできない」。「真実」は、虚偽や幻想の反対で、見せかけや形式的であることとも反すること。純粋な、うそをつかない、ものごとのありよう・状態をいう。つまり、うそではないということ。「真実を語りたい」。

この解釈をもとに先の刑事さんの「追い詰めたら落ちん」という話を考えてみるのですが、ぼくにはウソかホントかはともかく、それまで容疑についてしゃべらなかった男がいろいろ話したというそのこと自体が事実、そしてその話の内容が本当なら真実ということが言えようかと思われます。アホとバカの話でうかがえるとおり、人情の機微を心得たその刑事さんが落とした犯人なら、たいてい本当のことを話したのでは、と思えてなりません。

一方、事実と真実ということでは、司馬遼太郎氏の話に興味を覚えました。『手掘り日本史』（文春文庫）の「歴史を見る目」の一節で史料をどうみるかにふれ、「史料自体は何も真実を語るものではない」のあと、こう続けています。

史料に盛られているものは、ファクトにすぎません。しかし、このファクトをできるだけ多く集めなければ、真実が出てこない。できるだけたくさんのファクトを机の上に並べて、ジーッと見ていると、ファクトからの刺激で立ち昇ってくる気体のようなもの、それが真実だとおもいます。

さらに司馬氏は、海音寺潮五郎さんが随筆に書いておられた、と断って大筋、次のような話をしています。

・二宮尊徳は泥棒なりという説がある。
・この説には2つのファクトがあり、1つは彼は極貧だったということ。もう1つは薪を背負っているということ。この2つのファクトから、その薪はどこから取ってきたのかとなり、泥棒説が出る。
・しかし、そこにもう1つのファクト、どこの村にも共同で利用できる入会山《いりあいやま》があることを加えれば、二宮尊徳の泥棒説は根拠を失う。

ファクト（事実）とトゥルー（真実）の兼ね合いを言い、要は事実の数が真実を浮かび上がらせるというわけです。司馬氏もお気に入りの話だったのでしょう。自らの講演会でも同じ話をなさっていました。

ぼくも記者としていつも「二宮尊徳泥棒説」を心にとめて取材してきました。これはスクープだと思っても、まったく反する事実一つで物事の意味合いが一変したり、本当だと信じていたことがひっくり返されたりすることを何度も経験しました。

また逆に、たった一つの事実で、それも事件の本筋とは関係のない細部に宿る事柄一つで、事件や出来事全体の様相や真実までも見えてくるということがあることも知りました。

大阪の堺市で老夫婦が家で倒れているとの119番がありました。夫は息絶える寸前で助かったのですが、妻のほうは布団の中ですでに死んでいました。

ともに80歳。2人は栄養失調状態で、妻の死因は衰弱死でした。一体こんなになるまでどんな生活をしていたのか。

救急隊員が冷蔵庫を開けたところ、何と中にマヨネーズが30本入っていました。ほかに食べるものは何もなく、マヨネーズだけ。細部が宿す老夫婦の生活実態——一つのファクトが持つ意味の重大さがおわかりになるかと思います。

ここで問題です。

問題

ベトナム戦争の悲話として、マークという少年のこんな話が本にも収められ、米国内に伝わっています。

ミネソタ州の私立中等部のクラスで、先生がクラスメートそれぞれの長所をみんなに書かせ、それをリストにして一人ひとりに手渡しました。生徒の一人、マークは、その後ベトナム戦争で戦死するのですが、両親は葬儀に参列した先生に、「マークが死んだとき、身につけていたものです」とそのリストを取り出すのです。そして言いました。「マークはこれを宝物にしていたんです」

ここで取材中の記者が両親に聞くべき大切なことは何でしょうか。

いろいろ考えられますが、紙片のリストが身につけられていた状態やリストがどんなふうになっていたかではないでしょうか。両親の話ではマークが戦場でもそのリストを戦闘服の胸のポケットに入れ、何度も取り出して読んでいたのでしょう、二つ折りになった紙はぼろぼろになって何箇所もテープでつなぎ合わせてあったそうです。

この事実から戦争の真実が浮かび上がってきます。聞くということ、事実を知るということ、そしてそこに見えてくる真実――この回の①②③をもう一度、確認しておいてください。

言いたくない話を聞き出す記者のワザ

ある作家が「あなたにとって小説とは」と聞かれてうんざりしたという話を、当の作家自身がエッセイに書いていました。以来ぼくは、「あなたにとって」とは聞くまいと思ってきました。

しかし、そう聞いてもまずくはないんだと思うことがありました。現役を引退する阪神タイガースの金本知憲外野手の記者会見で、「金本選手にとって野球とは」と聞かれた彼はこう答えたのです。

「7、8割はしんどくて、残りの2、3割が喜びや充実感。でもその少しの2、3割をずっと追い続け、7、8割を苦しむ。そんな野球人生でした」

いい話だなあ、と感じ入ったのと同時に、「あなたにとって〇〇」も長打になるときがあるんだと思ったしだいです。

ここで少し口の堅い人から明らかになっていない話を聞き出す話法を考えてみましょう。

要はいかにして相手が言いたがらない話を引き出すかですが、大阪での事件記者時代を思い出して、効果があったように思う一つは、「まさか」「そんなアホな」と否定的に口をはさむ方法です。相手によっては向きになって、「ホンマやて」と隠していたことを弁じ立てたりすることがありました。

また、相手の言葉、例えば「あいつは神経質で……」と言えば、「神経質なんですか」と返す。それが相づちになって話が弾むということがあり、いい話法と思われます。

映画監督の黒澤明氏の遺した言葉は、都築政昭氏によって『黒澤明の遺言《いげん》』(実業之日本社)という本になっていますが、そこにこんな言葉が収められています。

「『相手の話すことをよく聞くこと』。(略)俳優さんは相手の言葉を聞いて、初めて自分のせりふが出てくるわけですから、相手の話していることを聞いてくれないと困るんです」

自分のせりふばかりを覚えている俳優を戒めてのことでしょう。たがいの表情と受け答えの言葉は、話が弾むかどうかを大きく左右するでしょうが、ぼく自身の体験からここに書き記しておきたいのはこんな言葉です。

「聞くは言うに勝る」

聞いて言葉をいただければ、聞くは書くにも勝るのです。

虚と実の接点

ぼくは川柳を楽しんでいます。それで川柳六大家の一人として川柳界をリードした川上三太郎氏が遺した次の言葉が頭にあって、句作りに生かすことがあります。

実を
虚に書く
それが
句である

そのまま報告したり、説明したりするのではなく、多少事実と離れても表現にいろいろ工夫を凝らして作品化しなさいという意味でしょうか。

手元の川柳本にこんな添削例がありました。

門限が過ぎて帰宅の間の悪さ
　↓
門限を過ぎる帰宅は友を連れ

確かに「間の悪さ」では説明です。そこで虚であるフィクションを加えて添削したのでしょうが、虚と実の微妙な世界ですね。

「虚実皮膜論」というのをご存知ですか。江戸時代の浄瑠璃作者、近松門左衛門の芸術論でして、近松の脚本作成にかかわっていた穂積以貫が『難波土産《なにわみやげ》』に記しています。

要は「虚構」と「事実」のあいだのつかず離れずのうちに成立するのが芸であり、芸術の真実もその接点にあるという考え方です。

なるほどと思えますが、ぼくは長年ジャーナリストとしてノンフィクションの世界に身を置いてきましたから、事実をもとに真実を浮かばせる文章を、と努力してきました。虚実で言えば、虚を暴く多くの事実を得て、真実を明らかにしようとペンを執ってきたように思います。

といって多少の作りごとなら、頭から否定しようとは思いません。まるまる事実でなくても、そう書いたほうがその世界の真実が描写できるということもあります。

写真と写生の違いに通じるところです。写真はそのままですが、写生はそのままには描きません。いらないものはカットしたりするものです。

ただし、です。ここははっきりさせておきたいのですが、ぼくたちが書く文章は、事実に基づくかどうか、その点は明確にした上で取りかかるべきです。

作文や論文、レポートは虚に書かないですむ多くの事実を求めてさらに聞き、真実を描く。そしてその文章は①聞く　②事実　③真実——の過程を経て構成されんことを願っています。

特別編　文章力アップのちょっとした秘訣—その❸

比較対照語法

「黒と白の対照の妙」と言ったりしますが、２つのものを比べたり、その共通点と相違点がわかるように書くことです。この比較対照語法を用いるだけで文章は見違えるほどよくなります。

新聞で夕刊編集長、週刊誌で「サンデー毎日」編集長をやっていましたので、人から新聞と週刊誌で取り上げるネタの違いなどをよく聞かれました。

ある時、そういう質問にはこんな考え方ができるな、と気づいたのです。

新聞は「人間の問題」、週刊誌は「問題の人間」。

言葉の位置を換えるだけで、意味合いが大きく変わるんですね。

こういう語法を上手に使っている作家、けっこういるんです。現代詩作家の荒川洋治氏は高見順氏の作品を取り上げて、その文例をよく紹介しています。

「高見順没後50年」にちなむ毎日新聞夕刊（2015年8月17日）への「寄稿」でも、高見氏の作品から「人間がそのなかで生きてきた歴史、人間がそのなかで生きている地理」という一節を引いて、「シンプルだが、みごとな対照だ」と評しています。さらに「他の作家が文章なら、高見順は文法で書く人だといえるかもしれない」と続け、こう書いています。

「文章は特別な能力がいるが、文法はどんな人でもつかえる、とても庶民的なものだ。どこかの街のおにいさんが『おれの人生だよ。おれが、人生だよ。あれっ？』とかなんとかいうのと同じだと思う」

助詞の「の」と「が」という一字の違いで、人間のありようまで変わる。なるほど文法は使いようです。要はちょっとした工夫で見方の深い文章が書けるということですね。

同じ言葉の位置を変えるなどして、まったく逆のことを表現した言葉の手練《てだ》れは小林秀雄氏です。氏は日本の近代批評を確立した評論家ですが、一つの見方に異論を唱える際に、この語法は存分の力を発揮しました。

一つ一つの作品にあたって味わってもらうのが一番ですが、新潮社編『人生の鍛錬――小林秀雄の言葉』（新潮新書）をめくれば、その種の言葉が次々と出てきます。

子供が大人の考えている程子供でないのは、大人が子供の考えている程大人でないのと同様である。

喜びを新たにするには悲しみが要り、信を新たにするには疑いが要る。

人間に何かが足りないから悲劇は起るのではない、何かが在り過ぎるから悲劇が起るのだ。

切りがないので、このあたりでやめますが、それにしても氏の逆転語法には裂帛《れっぱく》の気合いを感じます。

そうそう、ぼくは最近、対句よろしくこんなことをよく言っています。

寝る子は育つ。書く子はもっと育つ。

この国の行方が何かと気になる昨今、よく口にするのはアメリカの政治家で独立宣言起草委員を務めたベンジャミン・フランクリンのこの言葉です。

善き戦争はなく、悪しき平和というものもない。

書きあぐねたときも「3つが基本」です。
――「あとがき」に代えて

「3つが基本」をキーワードに文章を紹介しつつ、ふと思いました。人生も基本は3つではないか、と。

①生　②愛　③死

生きた、愛した、死んだ――いかに生き、愛し、死ぬか。人生のテーマでしょうね。ぼくら人間はほかの生き物と違って、生きていながら死を自覚しています。生死一如《しょうじいちにょ》です。

生きていくぼくは、死んでいくぼく。死んでいくぼくは、生きていくぼく。生あっての死、死あっての生なんです。

ですが、死というラストから生を見ることはできません。あくまでも生からとらえた死でしかないのです。

その死を生の側にいて意識すればするほど生と死のあいだにある愛への思いが募ります。心の中ではぐくまれた思いや感情とともに愛は強くもなり、弱くもなり、大きくもなり、小さくもなっていきます。

そんな胸中をどう描くか。

好きだ／大事にしたい／胸がいっぱいになるほど切ない／心が引きつけられる／かけがえのないものに思える……

しかしそういう語釈で語られても、描かれても、胸に秘めた真実が語られ、描かれたことになるでしょうか。

どう表現するか。心の中の感情は胸中に秘められている限り、描写にも限りがあります。同様に生命も説明や報告調の文章でまとめられても、それは医学など特別なリポートでしかないでしょう。

本書はそんなもろもろもこうすれば必ず書けますよ、と「3つの基本」を提示しました。そのほか、ぼくなりに会得したいろいろな文章術も紹介していますが、ここでは本文に書いていないことで、役立ちそうなことを付記しておきます。

まずは文章に行き詰まらない方法と行き詰まったときの手立てです。遠藤周作氏が何かに書いていたのに倣ったのですが、書くのをひと休みするなら次の文が浮かんでからにしています。再び書き始めるのが苦になりません。

でもこれはその程度のものです。もっと有効な手立てがあります。

誰が言ったのか、「韻文は舞踏、散文は歩行」という言葉に出会い、思うところがありました。散文が歩行なら、基本的にぼくらが書く文章は普通の文章、つまり散文ですから、おのずと前へ前へと進んでいきます。行き詰まれば一から読み直して、その流れに乗っかればいいのです。

ただこの方法もうまく流れに乗れてのことです。何度も読み直して乗り慣れると頭が空回り状態になって、そこから簡単には抜け出せません。

こうなると残された効果的な手段は、そうですね、ぼくがおすすめできるのは「散文は歩行」とばかりに外に出て歩いてみることです。

歩きながら遠くの空を眺めたり、風に吹かれたりしながら気ままに歩く。すると頭や心がちゃんと対応してくれ、書くべき言葉がふっと浮かんだりするから不思議です。頭がほぐれ、心も緩和できるからでしょうか。

散歩中に言葉が浮かばなくても、外を歩いたあとで原稿を読み直すと、あら不思議、すっと書けたりするものです。

仕事や人間関係上の悩みにしたって、部屋に閉じこもったままではもやもやした闇に包み込まれるばかりでしょう。

とにかく体を動かして居場所を変え、自らを違った環境に置いてみることです。そうしないと頭も心も生き生きしてきません。

それでも駄目ならどうするかですが、ぼくは次の3つを試みています。けっこう有効です。

①作家のエッセイや対談集を手に取る
②音楽を聴く
③ケータイで気のあった友人らと雑談する

これも「3つが基本」ですね。

それでも書けないときは、書ける頭にならないのは寝不足だからだ、と強く自分に言いきかせてください。そして①寝る　②寝不足解消　③書ける頭になる――これまた「3つが基本」です。

本書がみなさんに何かしら変化をもたらし、必ず書けるという自信につながることを確信しています。最後になりましたが、幻冬舎の福島広司氏、前田香織さんには本当にお世話になりました。そのほか、ぼくの授業の受講生にも助けられての本書です。多数の方々のご協力に感謝します。

近藤勝重

著者略歴

近藤勝重《こんどうかつしげ》

コラムニスト。毎日新聞客員編集委員。

早稲田大学政治経済学部卒業後の1969年毎日新聞社に入社。

現在、早稲田大学大学院政治学研究科のジャーナリズムコースに出講、「文章表現」を教えており、親交のあった俳優の高倉健氏も生前、聴講。

毎日新聞では論説委員、「サンデー毎日」編集長、専門編集委員などを歴任。夕刊に長年連載の「しあわせのトンボ」は大人気コラム。

10万部突破のベストセラー『書くことが思いつかない人のための文章教室』、『早大院生と考えた文章がうまくなる13の秘訣』、『つらいことから書いてみようか』(すべて幻冬舎)など著書多数。

コラムや著書の一部が灘中学校をはじめ中高一貫校の国語の入試問題としてよく使用され、わかりやすく端正な文章には定評がある。

TBS、MBSラジオの情報番組にレギュラー出演し、毎日新聞(大阪)では人気企画「近藤流健康川柳」の選者を務めるなど、多彩な能力をさまざまなシーンで発揮している。

幻冬舎新書 397

必ず書ける「3つが基本」の文章術

二〇一五年十一月三十日 第一刷発行
二〇一六年 一 月二十五日 第三刷発行

著者 近藤勝重
発行人 見城 徹
編集人 志儀保博

発行所 株式会社 幻冬舎
〒一五一-〇〇五一 東京都渋谷区千駄ヶ谷四-九-七
電話 〇三-五四一一-六二一一(編集)
〇三-五四一一-六二二二(営業)
振替 〇〇一二〇-八-七六七六四三
ブックデザイン 鈴木成一デザイン室
印刷・製本所 中央精版印刷株式会社

JASRAC 出 1512087-603

Printed in Japan ISBN978-4-344-98398-4 C0295
こ-8-3
幻冬舎ホームページアドレス http://www.gentosha.co.jp/
*この本に関するご意見・ご感想をメールでお寄せいただく場合は、comment@gentosha.co.jp まで。

近藤勝重
書くことが思いつかない人のための文章教室

ネタが浮かばないときの引き出し方から、共感を呼ぶ描写法、書く前の構成メモの作り方まで、すぐ使える文章のコツが満載。例題も豊富に収録、解きながら文章力が確実にアップする！

近藤勝重
なぜあの人は人望を集めるのか
その聞き方と話し方

人望がある人とはどんな人か？　その人間像を明らかにし、その話し方などを具体的なテクニックにして伝授。体験を生かした説得力ある語り口など、人間関係を劇的に変えるヒントが満載。

伊藤真
説得力ある伝え方
口下手がハンデでなくなる68の知恵

相手を言い負かすのではなく、納得した相手に自発的に態度や行動を変えてもらうのが「説得する」ということ。カリスマ塾長・経営者・弁護士として多くの人の心を動かしてきた著者がその極意を伝授。

梶原しげる
毒舌の会話術
引きつける・説得する・ウケる

カリスマや仕事のデキる人は、実は「毒舌家」であることが多い。毒舌は、相手との距離を短時間で縮め、濃い人間関係を築ける、高度な会話テクニックなのだ。簡単かつ効果絶大の、禁断の会話術。

幻冬舎新書

運を支配する
桜井章一　藤田晋

勝負に必要なのは、運をものにする思考法や習慣である。20年間無敗の雀鬼・桜井氏と、「麻雀最強位」タイトルホルダーの藤田氏が自らの体験をもとに実践的な運のつかみ方を指南。

世界で勝負する仕事術
最先端ITに挑むエンジニアの激走記
竹内健

半導体ビジネスは毎日が世界一決定戦。世界中のライバルと鎬を削るのが当たり前の世界で働き続けるとはどういうことなのか？　フラッシュメモリ研究で世界的に知られるエンジニアによる、元気の湧く仕事論。

英語を学ぶのは40歳からがいい
3つの習慣で力がつく驚異の勉強法
菊間ひろみ

やるべきことの優先順位も明確な40歳は英語に対する「切実な想い」「集中力」が高く、英会話に不可欠な社会経験も豊富なため、コツさえつかんで勉強すれば英語力はぐいぐい伸びる！

「持ってる人」が持っている共通点
あの人はなぜ奇跡を何度も起こせるのか
小笹芳央

勝負の世界で〝何度も〟奇跡を起こせる人を「持ってる人」と呼ぶ。彼らに共通するのは、①他人②感情③過去④社会、とのつきあい方。ただの努力と異なる、彼らの行動原理を4つの観点から探る。